Das Buch

Neun Kapitel des vorliegenden Bandes behandeln die Harmoniesprache von neun unterschiedlichen musikgeschichtlichen Situationen, wobei in den ersten beiden Kapiteln Zeitstil, in den späteren mehr und mehr Personalstil zutage tritt. Ein weiteres Kapitel untersucht spezielle Praktiken der Opernkomposition. Harmonik wird so aus der Anonymität und Kunstferne des sogenannten *strengen Satzes* herkömmlicher Harmonielehren erlöst und als Gebiet kompositorischer Phantasie und Inspiration deutlich. Aus einer Fülle von Musikbeispielen wird abgeleitet, was in der jeweils behandelten musikgeschichtlichen Situation die Regel war. So entstand eine Art Musikgeschichte in Beispielen, und es geht nicht mehr um ein System der Musiktheorie, sondern um Verständnis für die musikalische Praxis.

Dieser Lehrgang ist in besonderem Maße analyse-betont. Zwar wird die Handhabung der unterschiedlichen Klangtechniken auch hier in Tonsatzaufgaben geschult (wobei sich die Art der Aufgabenstellung natürlich von Kapitel zu Kapitel ändert), doch kann dieses Buch auch gelesen werden von dem, der nicht Noten schreiben und dennoch Musik verstehen, in Musik denken will.

Das Buch beschränkt sich nicht nur auf die funktionelle Harmonik (wenn diese auch den größten Raum einnimmt), sondern behandelt auch die wichtigsten Praktiken des 20. Jahrhunderts, von dem der bisherige Theorieunterricht keine oder zu wenig Notiz nahm.

Das Buch wurde ins Japanische und Schwedische übersetzt und liegt in Blindenschrift vor. Finnische, italienische und polnische Ausgaben sind in Vorbereitung.

Der Autor

Diether de la Motte, 1928 in Bonn geboren, studierte in Detmold Komposition (Wilhelm Maler), Klavier und Dirigieren, war Dozent und Musikkritiker in Düsseldorf, Verlagslektor in Mainz, wurde 1962 Dozent, 1964 Professor an der Hamburger Musikhochschule und wurde 1982 an die Hochschule für Musik und Theater in Hannover berufen.

Er schrieb Opern, Orchesterwerke, Kammer-, Chor-, Klavier-, Orgel- und geistliche Musik, sowie Tonbandkompositionen. Neben der ›Musikalischen Analyse‹ (Kassel 1968, 3. Auflage 1978) und dem ›Kontrapunkt‹ (München und Kassel 1981) veröffentlichte er zahlreiche Artikel für Fragen der Analyse, der Mus

Diether de la Motte:
Harmonielehre

Deutscher
Taschenbuch
Verlag

Bärenreiter-
Verlag

Den Pfälzer Weinen,
insbesondere dem Rhodter und Schweigener,
in tiefer Ergebenheit

Mai 1976
7. Auflage August 1990
Gemeinschaftliche Originalausgabe:
Deutscher Taschenbuch Verlag GmbH & Co. KG,
München, und
Bärenreiter-Verlag Karl Vötterle GmbH & Co. KG,
Kassel · Basel · London
© 1976 Bärenreiter-Verlag, Kassel
Umschlaggestaltung: Celestino Piatti
Satz: Bärenreiter, Kassel
Druck und Binden: C. H. Beck'sche Buchdruckerei,
Nördlingen
Noten: Sinfonia, Inc. Tokyo
Printed in Germany · ISBN 3-423-04183-8 (dtv)
              ISBN 3-7618-4183-3 (Bärenreiter)

Inhalt

Vorwort 7

Vorwort zur vierten Auflage 11

Lasso — Palestrina — Lechner — Cavalieri (1600) 13

Bach — Händel — Vivaldi — Telemann (1700—1750) ... 33
   Quintverwandtschaft in Dur 33
   Sextakkord 42
   Quartsextakkord 47
   Charakteristische Dissonanzen 51
   Harmoniefremde Töne 63
   Moll 77
   Übermäßiger Dreiklang, neapolitanischer Sextakkord . 88
   9- Vorhalt und verminderter Septakkord 92
   Parallelklänge 100
   Parallelen in Dur 105
   Parallelen in Moll 109
   Quintfall-Sequenzen in Dur und Moll; Septakkorde .. 112
   Erweiterung des Kadenzraumes $\mathbb{D}$, $\mathbb{S}$, (D) 118
   $\mathbb{D}$, $\mathbb{S}$ und (D) in Moll 126
   Verminderter Septakkord als Zwischendominante .. 128
   Vermolltes Dur 133

Haydn — Mozart — Beethoven (1770—1810) 135
   Formbildende Rolle der Kadenz 140
   $\mathbb{D}$ 7 140
   Modulation 142
   Modulation zum zweiten Thema 143
   Durchführungsmodulation 147
   Alterierte Akkorde 151
   Harmonik langsamer Einleitungen 156

Schubert — Beethoven (1800—1828) 160
   Terzverwandtschaft 160
   Leittonverwandtschaft 168
   Chromatische Ton-für-Ton-Klangverwandlung 170

Schumann (1830—1850) 173
   Funktionsfreie D^7-Folgen 176
   Klanguntertersung 178
   Dominantseptnonakkord 180
   Verkürzter Dominantseptnonakkord? 182
   Befreiung von der Tonika 187

Oper (1600—1900) 192
  Der breite Pinsel 192
  Bestätigende und handelnde Harmonik (Arie und Szene) 194
  Der italienische fallende Leitton 195
  Drohende Gefahr 200
  Erlösung 203
  Höhepunkt 204
  Tonale Großform-Disposition 209

Wagner (1857—1882) 212
  Kadenzen im atonikalen Raum 212
  Interpunktion der Dichtung 214
  Funktionsfreie Vierklänge mit Leittonverbindung 216
  Der Tristan-Akkord 225
  Expressivität der Vorhalte 228
  Modell einer Analyse 229

Liszt (1839—1885) 237
  ›Il Penseroso‹ 237
  Tonalität als Erinnerung 238
  Das Ende der Harmonie-Lehre 242
  Zwei Wege zur Atonalität 245

Debussy (1900—1918) 249
  Slendro und Ganztonleiter 249
  Gewebe 252
  Mixturen 255
  Harmonie und Satzstruktur als Erfindungseinheit 259

Von Schönberg bis zur Gegenwart (ab 1914) 261
  Atonale Harmonik (Skrjabin, Schönberg) . . . 261
  Klang und Struktur (Webern) 266
  Harmonisches Gefälle (Hindemith) 269
  Klang als Thema (Messiaen) 274
  Diskussion ausgewählter Klänge 276

Zeichenerklärung 282

Wegweiser 284

Vorwort

Welcher Ton wird beim Sextakkord verdoppelt? Man befrage zehn Lehrbücher. Sie geben zehn unterschiedliche Antworten zwischen den Extremen Bumcke (»Die Terz darf nicht verdoppelt werden«) und Moser (»... so daß im Sextakkord alle drei Verdopplungsmöglichkeiten eher gleichwertig werden«). Wie steht es mit den *verdeckten Parallelen*? Nach Bölsche sind sie schlecht zwischen Unterstimmen und zwischen Außenstimmen, nach Maler zwischen Unterstimmen und zwischen den beiden Oberstimmen. Lemacher-Schroeder verbieten sie nur, »wenn die Oberstimme springt bzw. alle Stimmen nach der gleichen Richtung gehen«. Dachs-Söhner untersagen nur einen speziellen Fall verdeckter Oktaven. Riemann hebt das Verbot verdeckter Parallelen gänzlich auf.

Alle haben sie recht, nur hat ein jeder seine Regeln und Verbote von anderer Musik abgeleitet und von ihr aus verallgemeinernd sein System errichtet, ohne dies dem Leser mitzuteilen.

Von Harmonielehren wird ein sogenannter *strenger Satz* gelehrt, der nie komponiert wurde, sich aber trefflich abprüfen läßt. Drei Quintenparallelen = befriedigend. Distler (der ihn jedoch auch lehrt) nennt ihn immerhin ehrlich *Harmonielehresatz*. Dabei wird — um nur ein Beispiel zu nennen — der Dominantseptnonenakkord, der als Akkord erst zur Zeit Schumanns komponiert wird, eingeführt in einen vierstimmigen strengen Chorsatz, dessen Stimmführungsregeln der vorbachischen Musik entnommen sind, ohne daß dem Studierenden die Tatsache des so entstehenden Stilgemischs klargemacht wird.

Harmonielehresatz ist nicht Hilfe und Mitstreiter, sondern Gegner eines guten lebendigen Musikgeschichtsunterrichts (warum hat noch kein Historiker protestiert?) und disqualifiziert alle noch nicht und alle nicht mehr kadenzierende Musik. So graben sich Komponisten, die doch die Hauptarbeit in Tonsatzunterricht leisten, pflichtbewußt ihr eigenes Grab. Instrumentalprüfungen finden auf dem Podium statt, Harmonielehreprüfungen auf dem Exerzierplatz. *Modulation von — nach —* (so schnell wie möglich gefälligst!) schnauzt der Unteroffizier.

Die letzten 400 Jahre, die große Zeit der Musikgeschichte, in Entwicklung und Wandlung der musikalischen Sprache zu verfolgen ist jedoch so faszinierend, daß schwer zu begreifen ist, warum der Harmonielehreunterricht auf Vermittlung solcher Faszination weitgehend verzichten soll zugunsten eines *strengen Satzes*, der aus Gründen leichter Lehr- und Prüfbarkeit abgeleitet wird von Komponisten, die nicht zu den größten der Musikgeschichte gehören, wie Haßler, Praetorius und Osiander. Choralsatz unter Einbeziehung der Akkorde der Romantik als Rüstzeug fürs Leben künftiger Schulmusiker, Dirigenten, Instrumentalisten und Opernsänger: Das schreit doch zum Himmel. Nein, niemand schreit. Aber die Lustlosigkeit der Studierenden dem *Pflichtfach* gegenüber ist die stumme Antwort.

Auf Prüfungen herkömmlicher Art kann man nicht besser vorbereiten als es die bisherigen systematischen Harmonielehren tun. Mein Buch wird weniger gut darauf vorbereiten, möchte aber ermutigen zu einem kunstnäheren Unterricht und zu einer lebendigeren, kunstnäheren Prüfungsform. ›Modulation, ihre Aufgaben und ihre Techniken im Wandel der Musikgeschichte‹, ›die wesentlichen Unterschiede der Harmonik um 1600 und der der Bachzeit‹, ›Mixturtechniken Debussys‹, ›besondere Probleme der Opernharmonik‹, ›Liszts Weg zur Atonalität‹, ›unterschiedliche Kadenzformen bei Händel und Mozart‹, ›Wagners Vierklänge‹, ›die formbildende Rolle der Kadenz bei Mozart‹, ›Hindemiths harmonisches Gefälle‹, ›Technik der Klangverbindung bei Schönberg‹ — diese und zahllose andere Themen für Kurzreferate mit Demonstrationen am Klavier bieten sich an für Prüfungen nach einem anhand dieses Buches vorgenommenen Ausbildungsgang. Und über derlei Gegenstände Einsicht gewonnen zu haben und Einsicht vermitteln zu können, kommt der beruflichen Arbeit von Musikern, Musikerziehern und Musikwissenschaftlern gewiß zugute.

Die großen Komponisten sind erstmals die einzigen Lehrmeister in diesem Buch. Keine Regel, kein Verbot stammt von mir, alle Anweisungen wurden aus Kompositionen extrahiert und ihre Gültigkeit an zahlreichen Werken nachgewiesen. Um nicht länger Jahrhunderte der Entwicklung in einen Topf zu werfen, gliedert sich dieser neue Ausbildungsgang in selbständige Kapitel mit — der musikgeschichtlichen Entwicklung entsprechend — wechselndem Reglement. *Den* Sextakkord gibt es nicht mehr. In Kapitel 3 ist er ein anderer als in Kapitel 1, und der Durdreiklang mit kleiner Sept ist beim späten Wagner nicht mehr Spannungsakkord mit dominantischem Charakter wie vordem. Bei Schönberg bedürfen die Konsonanzen besonderer Stimmführungslegitimation, in früheren Kapiteln die Dissonanzen. Das alles mag verwirren, macht auf jeden Fall die gesamte Harmonielehre nicht leichter, bringt sie aber gewiß der Kunst näher.

Die ersten beiden Kapitel sind in sich abgeschlossene Tonsatzlehren. Das erste führt ein in eine bisher meines Wissens noch nirgends der Satzlehre erschlossene große Kunst, die

Homophonie um 1600. Nicht mehr kontrapunktisch und noch nicht tonartlich gebunden, stand diese Musik bislang heimatlos zwischen den Stühlen der theoretischen Disziplinen. Mit dieser faszinierenden Klangwelt zu beginnen ist methodisch von größtem Effekt. Bachs wohltemperierte Musik wird sich als Verzicht auf naturreinen Klang erweisen, und Festigung wie Auflösung der Kadenz lassen sich ohne Natur- und Urbild-Idiologie als Stadien einer Entwicklung zeigen, die ebenso vorher wie späterhin große homophone Musik ermöglichte.

Das zweite, umfangreichste Kapitel kommt der früheren Harmonielehre am nächsten, gewinnt aber sämtliche Anweisungen aus Werken der Bachzeit und geht nicht über das harmonische Vokabular dieser Zeit hinaus. Die einem Komponisten gewidmeten Kapitel (Schumann, Wagner, Liszt, Debussy . . .), Modelle unterschiedlicher Betrachtungsweisen, stehen exemplarisch für viele ausgelassene und möchten dazu anregen, die Harmonik von Brahms, Bruckner, Mussorgsky usw. in ähnlicher Weise zu behandeln. Vor allem in diesen Einzeldarstellungen wird deutlich werden, daß Klänge und Klangfolgen im Laufe der musikgeschichtlichen Entwicklung immer weniger anonymes, jedem zur Verfügung stehendes *Material* bleiben und immer mehr Gegenstand individueller Erfindung werden.

Bisherige Harmonielehren, um systematische Zusammenfassung aller Klangmittel bemüht, konnten diesen Aspekt zwangsläufig kaum berücksichtigen. Harmonielehre hieß Harmonisieren und dies meinte *Material richtig verwenden*. Der verbreitete Irrglaube, daß Melodien erfunden werden und Tonsatz *gemacht* wird, wurde so, wenn nicht genährt, so doch auch nicht hinreichend bekämpft. Verständnis zu fördern, Gespür zu entwickeln für Individualität der harmonischen Erfindung scheint mir aber eine der wichtigsten Aufgaben eines kunstnahen Harmonielehreunterrichts zu sein.

Sämtliche Aufgaben wurden aus Werken der behandelten Zeit extrahiert oder präzis im Stil der Zeit angelegt. So verändert sich die Erfindung der Aufgaben von Kapitel zu Kapitel mit dem jeweiligen Personal- oder Zeitstil. Der vierstimmige Satz wird dabei keineswegs verachtet, er wird durchaus in aller Gründlichkeit geschult, aber er hat seine Grenze dort, wo er von der kompositorischen Entwicklung selbst verlassen wird. Ich bin überzeugt davon, daß schon allein diese Variabilität der Aufgaben dem Studierenden großen Lustgewinn bereiten wird; es mag ein wenig spannender zugehen bei Lösung der Aufgaben, die nicht mehr semesterlang an vierstimmigen Chorsatz gekettet sind, vor allem der Analyse breiten Raum geben und damit den direkten Bezug zum Hauptfachstudium des Musikers herstellen.

Die Funktionsbezeichnungen entsprechen mit drei Ausnahmen den von Wilhelm Maler eingeführten, die sich allgemein durchgesetzt haben. Lediglich $Đ^V$ (statt $Đ^{9>}_{7}$ oder D^V), $^|Đ^V$ (statt $Đ^{9>}_{7}$ oder $Đ^V$) und $Đ$ ^{7} (statt $Đ^9_7$ oder VII^7) mußten neu eingeführt werden, um Akkorde der Bachzeit und der Klassik nicht länger als Ableitungen erst viel später entstandener Akkordbildungen bezeichnen zu müssen, zugleich auch, um Funktionsmischungen präziser zu bezeichnen.

Mein Mut ging nicht über Debussy hinaus. Dr. Wolfgang Rehm bin ich nicht nur für geduldig-hartnäckige Förderung und verlegerische Betreuung dankbar, sondern vor allem für sein Insistieren auf die Fortführung der Arbeit bis weit ins 20. Jahrhundert hinein. Nach Abschluß der Arbeit glaube ich, daß er recht behalten hat, und daß die Klangwelt dieser Zeit das Bild der Entwicklung überhaupt erst abrundet. Jürgen Sommer Dank für kluge redaktionelle Betreuung.

In Heft 3/1972 der Zeitschrift ›Musica‹ veröffentlichte ich zusammen mit meinen damaligen Schülern Renate Birnstein und Clemens Kühn das ›Plädoyer für eine Reform der Harmonielehre‹, das eine Fülle ermutigender Zuschriften einbrachte. Den Plan, das ganze Buch unter der aufmerksamen und hilfreich mitarbeitenden Kritik beider zu erarbeiten, durchkreuzten ihre beginnenden Lehrtätigkeiten in Lübeck bzw. in Berlin. So blieben wir nur parallel bis zu den ›Parallelen in Moll‹ in Kapitel 2, Grund genug, Frau Birnstein und Herrn Kühn, die bis dahin das Schlimmste verhüteten, herzlich zu danken. Dank auch für viele Anregungen von Kollegen, die in die Arbeit eingegangen sind. Sie alle gehen ja längst über den Lehrstoff der systematischen Bücher hinaus auf dem Wege zu einem analyse-betonten Unterricht. Nun soll endlich das Lehrbuch selbst auch diesen Schritt tun.

Das Buch setzt die Kenntnis der ›Allgemeinen Musiklehre‹ von Hermann Grabner voraus (Kassel, 11. Auflage: 1974). Als Begleitlektüre empfehle ich die ›Melodielehre‹ von Lars Ulrich Abraham und Carl Dahlhaus (Köln 1972). Die Seite 18 dieser Melodielehre hätte gut Vorwort und Rechtfertigung meines Buches abgeben können.

Nur wer lieber einen höheren Preis für das Buch bezahlt hätte, darf rügen, daß die Notenbeispiele in meiner Handschrift erscheinen.

Hamburg, im Herbst 1975   Diether de la Motte

Vorwort zur vierten Auflage

Dank an die Kollegen Martin Tegen, der die schwedische Übersetzung besorgte, Robert D. Levin und Franz Zaunschirm für die Mitteilung etlicher Fehler, die der Verfasser bis zur dritten Auflage nicht bemerkt hatte!
Der Leser wird es ebenso wie ich begrüßen, daß meine Notenschrift ersetzt werden konnte durch Übernahme der Notenbeispiele aus der japanischen Ausgabe.
Ein kleines ergänzendes Chopin-Kapitel, den Freunden in Warszawa, Kraków und Poznań zugeeignet, soll der in Vorbereitung befindlichen polnischen Ausgabe vorbehalten bleiben.
Frau Dr. Ruth Blume herzlichen Dank für die sorgfältige und kluge Betreuung dieser Auflage in neuem Gewande.

Hannover-Herrenhausen, im Frühjahr 1983   Diether de la Motte

LASSO-PALESTRINA-LECHNER-CAVALIERI (1600)

Erst zur Zeit Bachs setzte sich die *gleichschwebende Temperatur* durch, die die Oktave in zwölf gleiche Teile teilt. Seitdem gibt es außer der Oktave kein reines Intervall, aber auch kein unbrauchbares mehr. Alle Dreiklänge wurden dem Komponieren erschlossen, auf jedem Ton konnten Skalen errichtet werden durch den Verzicht auf Reinheit der Intervalle, die Gegenstand aller früheren Überlegungen gewesen war.

Mit zwölf auf C aufgebauten Quinten erreicht man den Ton *His,* der um das »pythagoreische Komma« höher ist als die 7. Oktave von *C:* Ein kompletter Zirkel reiner Quinten ist also nicht möglich. — Mit vier auf C errichteten Quinten erreicht man ein *E,* das um das »syntonische Komma« höher ist als die zweite Oktave der auf *C* stehenden reinen großen Terz *E:* Reine Quinten und reine große Terzen schließen einander aus. Nachdem die mittelalterliche Musiktheorie der reinen Quinte *(pythagoreische Stimmung)* Vorrang eingeräumt hatte, bemühte man sich im 16.—18. Jahrhundert um einen Kompromiß möglichst reiner Quinten und reiner großer Terzen *(mitteltönige Stimmung),* wobei die fast-Reinheit naheliegender Dreiklänge erkauft wurde durch auffällige Unreinheit entfernterer Dreiklänge, die deshalb unverwendbar waren.

So verschieden die Berechnungen auch waren: Gemeinsam war ihnen, daß die *schwarzen Tasten* nur als *Cis, Es, Fis, Gis* und *B* eingestimmt wurden. *Des, Dis, Ges, As* und *Ais* waren also unverwendbar: Der Ton, der als *Cis* in *A—Cis—E* sehr gut klang, hätte, als *Des* verwandt, etwa in *Des—F—As,* einen unreinen, unangenehmen Klang ergeben usw.

Ein Sonderfall wie die erstaunliche Chromatik eines Gesualdo blieb auf reine Vokalmusik beschränkt, und für alle instrumentale oder mit der Mitwirkung von Instrumenten rechnende Musik beschränkte sich der Tonvorrat auf:

ausgeschlossen sind:

An Stimmungen alter Orgeln ist dies noch heute nachprüfbar. Der mit gleichschwebender Temperatur rechnende Kadenzvorgang der Bachzeit, Ausgangspunkt aller bisherigen Harmonielehren und gepriesen als *die Natur selbst*, als zwingend, weil natürlich, ist also gerade das Gegenteil, ist ein Zurückdrängen von Natur zugunsten eines erweiterten Tonmaterials, das konstruktivem Denken einen unbegrenzten Raum zur Entfaltung modulatorischer Phantasie erschloß.

Vor und um 1600 finden wir schon die neue Homophonie der Oper, deutet sich schon ein Denken in funktionell aufeinander bezogenen Klängen an, wirkt noch das alte lineare Denken in *Kirchentönen*, geht eine Blütezeit kontrapunktischen Komponierens zu Ende: Verschiedenen Gesetzen folgende Sprachen zur selben Zeit. Studieren wir aber homophon komponierte Stücke oder Abschnitte größerer Werke dieser Zeit, so erkennen wir eine recht einheitliche Verwendung eines begrenzten Akkordmaterials, — eine Art Tonalität, wenn man darunter ein System der Beziehungen einer begrenzten Anzahl von Tönen und Klängen versteht, das als Ausgangspunkt der Unterweisung im Tonsatz geeignet ist und die Begegnung mit einer Musik von hohem Niveau vermittelt, die im Musikleben leider sehr vernachlässigt wird.

Gerade weil diese musikalische Sprache nahezu unbekannt ist, ist es vor eigenen Tonsatzarbeiten äußerst wichtig, sich die folgenden als typisch ausgewählten Beispiele oftmals durchzuspielen, um so vom Hören her in dieser Sprache denken zu lernen. Tonsatzregeln und Aufgaben gewinnen wir aus der Analyse dieser Stücke.

Palestrina ›Stabat Mater‹, 5 Ausschnitte

Jacob Gallus, Motette ›Ecce quo modo moritur‹ (1587)

Dreiklänge: Es B F C G D A   Sextakkord:
 c g d a

Leonhard Lechner ›Deutsche Sprüche von Leben und Tod‹ (1606)

Dreiklänge: B F   G D A
 c g d

Emilio de'Cavalieri, aus ›La rappresentazione‹ (1600)

Dreiklänge: F C G D A E Sextakkorde:
　　　　　　g d a

Orlando di Lasso ›Sibylla Erythraea‹ (1550? gedruckt 1600)

Dreiklänge: Es B F C G D A E
　　　　　　　c g d a

Verwandte Klänge mit Kenntlichmachung der Häufigkeit ihres Auftretens:

In Quintenzirkel-Anordnung:

<pre>
       Es B F C G D A E
          c g d a e (h)
</pre>

Darstellung in Stufenfolge:

C c D d Es E e F G g A a B h

Die Analyse zahlreicher Stücke von Byrd, Titelouze, Sweelinck, Carissimi, Anerio, Capello, Peri, Haßler, Demantius u. v. a. bestätigte diese Klangauswahl; h-moll war der seltenste der angegebenen Klänge.

Durdreiklänge verdoppeln stets den Grundton. Sie sind fast immer vollständig. Nur bei Lechner fehlt im Schlußakkord die Quinte. (Es war üblich, in diesem Falle den Grundton dreifach zu setzen.) Die Terz, noch 1550 in Schlußakkorden häufig ausgelassen, ist um 1600 unerläßlicher Akkordbestandteil geworden. *Molldreiklänge* verdoppeln meist den Grundton. Gelegentliche Terzverdoppelung wird melodisch durch Gegenbewegung legitimiert. So bei Lechner:

Chormusik rechnet heute mit folgendem *Stimmumfang*:

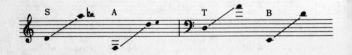

Dieser wird aber um 1600 noch nicht ausgeschöpft. Aus den Beispielen kann man als in dieser Zeit gültige Regel ableiten, daß der Stimmumfang selten mehr als eine None beträgt (im Baß: Oktav und Quarte), die Stimmlage aber verschieden gewählt werden kann.

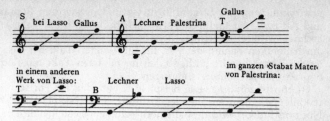

Der *Stimmabstand* darf zwischen Sopran-Alt wie zwischen Alt-Tenor eine Oktave betragen (größere Abstände nur für einzelne Akkorde mit sofortigem Ausgleich); zwischen Tenor und Baß gibt es keine Begrenzung. (Siehe Lechner und Lasso: Oktav und Quinte.)

Aufgabe: Wähle und bezeichne Stimmumfänge. Notiere in der gewählten Stimmlage möglichst viele einzelne Klänge (nicht Klangverbindungen!), um alle Möglichkeiten kennenzulernen: Hohe, tiefe Klänge; Töne eng beieinander, weit auseinander. Wähle andere Stimmlagen und probiere auch ihre Möglichkeiten aus.

Gute Klänge in den Stimmlagen von Gallus:

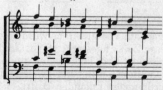

Um 1600 nicht/kaum verwendbare Klänge, warum?

Stimmkreuzung aus Stimmführungsgründen zwischen Sopran und Alt bzw. Alt und Tenor tritt mehrfach auf. Im 1. Takt bei Lechner wird gleichzeitiges Steigen aller Stimmen vermieden durch höheren Beginn des Alt. Im fünftletzten Takt bei Lasso ist der Tenor bereits hoch, so daß im nächsten Takt nur noch Sopran und Alt aufwärts springen.

Akkordverbindung: Die Beispiele zeigen, daß ein Fortschreiten aller Stimmen in fallender Richtung selten ist, (1) Lechner. Noch auffälliger und deshalb noch seltener ist steigende Führung aller Stimmen. Bei Cavalieri (2) ist sie gemildert durch Sekundschritt dreier Stimmen. Erlaubt hingegen ist Sprung aller Stimmen in gleicher Richtung bei bleibender Harmonie, (3) Cavalieri.

Abgesehen von Akkordwiederholung, die sich häufig findet, ist die Norm, daß von den drei Möglichkeiten (steigen — fallen — liegenbleiben) mindestens zwei gleichzeitig eingesetzt werden:

Cavalieri:

Man beachte den ständigen Wechsel und lerne dies als besondere satztechnische Kunst schätzen. Es würde die auch im homophonen Satz dieser Zeit angestrebte Selbständigkeit der Stimmen mindern, wären sie über längere Zeit aneinandergekoppelt. Schlecht wäre also ein eigentlich nur zweistimmiges Geschehen (steigende Akkorde gegen fallenden Baß):

Zu Recht fordert jede Tonsatzlehre das Liegenlassen gleicher Töne in derselben Stimme, eine Regel, die weit über die behandelte Zeit hinaus gültig blieb. Cavalieri:

Als Ausnahmen gelten die bereits erwähnten Sprünge bei bleibender Harmonie sowie Sprünge an Zäsuren. (Siehe Gallus bei der ersten Pause.) Doch sollte zugleich auch die Lizenz zur bewußten Abweichung von dieser Regel gegeben werden: Könnte sich doch ein Tonsatz sonst nicht von der Stelle bewegen. So müßte es streng nach der Regel bei Lasso vom 5. Takt an heißen:

Der Sopran bliebe an seine Lage *G—Gis—A* festgenagelt. Melodischer Wille darf gegen die Regel der liegenbleibenden gemeinsamen Töne verstoßen.

Linie: Die jahrhundertelang gültige Kontrapunktregel, daß, von der immer unbedenklichen Oktave abgesehen, Sprünge nur bis zur kleinen Sext erlaubt sind (verboten also große Sext und alle Septimen), bleibt auch noch für die — fast möchte man sagen — *homophone Polyphonie* um 1600 bestimmend. Eine kleine Sext findet sich am Schluß des Lasso-Beispiels, Oktaven im Sopran bei Lechner, im Baß (hier sind sie am häufigsten) bei Cavalieri und Lasso. Allgemein sind größere Sprünge vor allem im Baß zu finden, allerdings nur selten zwei größere Intervalle in derselben Richtung wie gegen Ende des Lechner-Beispiels:

Üblich ist vielmehr, größere Sprünge mit Bewegung in entgegengesetzter Richtung zu umgeben. Alt bei Lechner:

Im Sopran als der auffälligsten Stimme dominieren Sekund- und Terzschritte. Alle übermäßigen und verminderten Intervalle sind zu vermeiden mit Ausnahme der übermäßigen Prime, also der chromatischen Veränderung derselben Tonstufe. Dieses sehr starke Ausdrucksmittel — um 1600 durchaus als solches komponiert und auch gehört, man hüte sich deshalb vor Abnutzung durch übertriebenen Gebrauch — findet sich bei Lasso sparsam eingesetzt: *C–Cis* am Anfang im Sopran, *F–Fis* gegen Ende im Alt. In anderen Werken der Zeit findet man auch *H–B, G–Gis, E–Es* u. a. m.

Chromatische Veränderung einer Tonstufe durch eine andere Stimme nennt man *Querstand*. Hier zwei Beispiele von Heinrich Schütz (›Es ist erschienen‹, 1648):

a) in anderer Oktave:

b) in derselben Lage, aber durch Pause gemildert:

Man beachte, daß Querstände in unseren Beispielen nur zweimal auftauchen und in beiden Fällen gemildert sind, bei Gallus (Alt *Cis*, Tenor *C*) durch die erste Pause, bei Lasso (Schluß: Tenor *H*, Alt *B*) mittels einer Bewegung in Vierteln, die das direkte Zusammentreffen verhindert. Entsprechend sparsam, dabei derart gemilderte Formen bevorzugend, sollte man sie verwenden.

Parallelenverbot: Parallelführung zweier Stimmen in Oktav- oder Quintabstand verbietet jede Tonsatzlehre zu Recht, denn es wäre sinnlos, die verschwindend wenigen Parallelen, die großen Komponisten passierten, zur Grundlage einer Unterweisung machen zu wollen.

Zwei Begründungen des Verbots sind üblich:

1) Aufgrund besonders einfacher Schwingungsverhältnisse verschmelzen Töne im Oktavabstand (1:2) fast völlig, Töne im Quintabstand (2:3) weitgehend. Eine Parallelführung in diesen Verschmelzungsabständen gefährdet die Selbständigkeit der Stimmen bzw. hebt sie auf.

2) Oktav- und Quintparallelen klingen schlecht.

Beide Begründungen sind mühsam.

Zu 1): Warum wird dann nicht auch vor parallelen Quarten (3:4) gewarnt?

Zu 2): Warum klingt auf einmal schlecht, was für mittelalterliche Komponisten das einzige war, das gut klang? In einem Conductus aus dem 13. Jahrhundert heißt es:

* Derartige Parallelen über Pausen oder Zäsuren hinweg werden allerdings allgemein gestattet und angewandt.

Alle Begründungen des Parallelenverbots sind mühsam. Statt eines weiteren Versuchs folgende Erwägung: In der neuen Musik Hindemiths und Strawinskys spielte der Durdreiklang eine wesentliche Rolle, ein Klangmaterial, das 500 Jahre lang, von Dufay bis Reger, den verschiedensten Stilen zu Gebote stand. Dominantsept- und verminderte Septakkorde hingegen sparte die Neue Musik aus: Sie haben eine kürzere Geschichte und hätten 1925 unweigerlich Assoziationen an *Dominante*, an Funktionsharmonik, an klassisch-romantische Musik geweckt. Das *vermeiden von*, das mit neuem Ausdruckswillen einhergeht, wendet sich am stärksten gegen Techniken und Materiale, die zuvor die entscheidende Rolle spielten. Im Parallelenverbot des 14. Jahrhunderts manifestiert sich Geringschätzung und Abkehr von einer als primitiv angesehenen musikalischen Vergangenheit. Diese Geringschätzung hat sich wohl erhalten: Parallelen sind nicht kunstvoll.

Auch *verdeckte Parallelen* (zwei Stimmen gehen in gleicher Richtung aus verschiedenem Intervall in eine Oktave oder Quinte) verbieten etliche Unterweisungen ganz oder teilweise für den — wie sie es nennen — »strengen Satz«, die kunstferne Ausgeburt einer Theorie als Selbstzweck. Unsere Beispiele zeigen: Im Gegensatz zur Lehrmeinung vieler Bücher sind verdeckte Quinten- und Oktavparallelen zwischen Unter-, Ober-, Mittel- und Außenstimmen gleichermaßen häufig in Meisterwerken komponiert worden und deshalb gut. Am häufigsten: Ein Sekundschritt, ein Sprung (1). Seltener: Beide Stimmen springen abwärts (2). Noch seltener: Beide Stimmen springen aufwärts (3). Falls Oberstimme beteiligt: Meist hat sie das kleinere Intervall (4), selten hat sie das größere Intervall (5). Verdeckte Primen: Häufig zwischen Tenor und Baß (6), selten zwischen Sopran und Alt (7).

Aufgabe: Wähle einen Klang (Beispiel: D-dur), schreibe ihn in verschiedenen Lagen und erfinde möglichst viele Fortschreitungen, die allen gegebenen Regeln entsprechen.

Aufgabe: Erfinde von einem frei gewählten Klang aus Fortschreitungen, bei denen jeweils mindestens eine Stimme liegenbleibt; markiere die Verbindungstöne, z. B.:

Aufgabe: Erfinde Klangfortschreitungen ohne gemeinsame Töne. (Die Möglichkeiten sind begrenzt.) z. B.:

Aufgabe: Ergänze Alt und Tenor.

In Schlußformeln, die, ursprünglich als melodische Ereignisse definiert (clausula), bei Zarlino (1558) aber bereits als primär mehrstimmiges Ereignis (cadenza = Schlußfall) gesehen wurden, entwickelten sich schon früh Wendungen, die wir heute als *Vorhalt* bezeichnen. Schon 1450 heißt es bei Binchois:

Das konsonant eingeführte C (1) bleibt liegen und wird zum dissonanten Quart-Vorhalt (2). Es löst sich schrittweise abwärts auf in die Terz (3).

Alle um 1600 verwandten Schlußformeln und ihre Geschichte darzustellen, würde eine komplette Kontrapunktlehre erfordern. Der Quartvorhalt aber als die am häufigsten angewandte Schlußformel sei wenigstens behandelt. Alle unsere Beispiele enthalten ihn und zeigen die wichtigsten Möglichkeiten:

Der dissonante Ton muß zuvor als Konsonanz eingeführt werden und wird entweder übergebunden (1) oder wiederholt (2). Auflösungston ist die *vorenthaltene* Terz des neuen Klanges. Diese darf im Augenblick des Vorhalts nicht bereits in einer anderen Stimme erklingen (3). Die Vorhaltsdissonanz steht auf schwererer Zeit als die Auflösung. Gelegentlich wird die Auflösungsnote noch durch eine *Wechselnote* (mehr darüber im nächsten Kapitel) verziert (4). In der Regel folgt der eine Quinte tiefer (Quarte höher) liegende Zielklang (*Dominante* → *Tonika* in späterer Definition). So entsteht für einen

Augenblick ein tonales Zentrum, das aber noch nicht für ein ganzes Stück verbindlich ist. Gallus kadenziert z. B. nach D-dur und wenig später nach F-dur. Sogar Anfangs- und Schlußklang der Musik dieser Zeit sind häufig verschieden: Palestrinas ›Stabat Mater‹ beginnt mit A-dur und endet mit D-dur, Lassos ›Sibylla‹ fängt an mit F-dur und endet mit C-dur usw.

Angesichts derart schweifender Klangfolgen werden die Vorhaltskadenzen um so wichtiger zu gelegentlichem wenn auch kurzfristigem Ausbau tonaler Ziel- und Ruhepunkte.

Aufgabe: Die angegebenen Kadenzen aussetzen und eigene erfinden.

(Man studiere auch die freiere Vorhaltbildung bei Cavalieri: Die konsonante Sopranterz wechselt erst zur *Vorhaltsquarte* hin. Bei Lechner ist derselbe Vorgang im Alt noch unterbrochen durch eine Absprungkonsonanz.)

Auch der vierstimmige Choralsatz der Zeit verwendet das gesamte verfügbare Klangspektrum. Hier als Beispiel ein Osiander-Satz von 1586, der elf Dur- und Molldreiklänge einsetzt. Daß keine Sextakkorde auftreten, ist allerdings die Ausnahme, nicht die Regel. Die Zeilenschlüsse stehen in F-, A- und D-dur sowie in d- und a-moll.

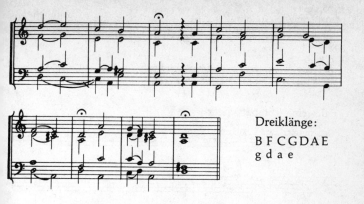

Dreiklänge:

B F C G D A E
g d a e

Bei jeder der folgenden Aufgaben sind die Dur- und Molldreiklänge vermerkt, die im Original verwandt wurden, was aber keineswegs heißt, daß man sich bei der Lösung der Aufgabe daran halten müßte. Viele andere Lösungen sind möglich und entsprechen ebenfalls der Sprache der Zeit.

Lasso [›Sibylla Samia‹, 1600]

Palestrina [›Stabat Mater‹]

Gabrieli (1615)

Als erste Umkehrung eines Dreiklangs kennt man aus der Musiklehre den *Sextakkord*, bei dem die Dreiklangsterz Baßton ist und die Oberstimmen in der Regel den Dreiklangsgrundton verdoppeln:

In diesem Punkt gilt es umzudenken, *umzuhören,* wenn man die Musik um 1600 verstehen will, die auf dem Fundament der Baßtöne Terzen und Quinten oder Sexten aufbaute. Im Unterschied zum eindeutigen Dreiklang, bei dem unsere Beispiele ausnahmslos den Grundton verdoppeln, scheinen die Töne des Sextakkords derart gleichberechtigt, daß jeder verdoppelt werden kann:

a) Baßton verdoppelt (Dreiklangsterz)
b) Terz des Baßtons verdoppelt (Dreiklangsquinte)
c) Sext des Baßtons verdoppelt (Dreiklangsgrundton)

In der Bevorzugung von Sekundschritten im Baß nach Sextakkorden zeigt sich das Bemühen um gute melodische Legitimation dieses »seltsamen« (Werckmeister) Klanges, der im übrigen nicht ausschließlich, aber doch bevorzugt auf leichter Zeit steht.

Aber wir wollen die Eindeutigkeit der Klangauffassung dieser Zeit nicht übertreiben und allmähliche musikgeschichtliche Veränderung nicht übersehen. So scheint das folgende Beispiel von Joachim a Burgk von 1594 sowohl *alte* als auch *neue* Sextakkorde zu enthalten:

(1): Dieser Sextakkord kann bereits als Umkehrung des vorherigen E-dur aufgefaßt werden.

(2): Beide zweifellos auf dem Baßton als Akkordträger errichtete Sextakkorde.

Aufgabe: Setze die folgenden Akkordfolgen aus; der zweite Klang soll jeweils ein Sextakkord sein. Erfinde ähnliche kurze Klangfolgen. (Eine längere Aufgabe mit komprimierter Sextakkord-Anwendung wäre nicht sinnvoll, da eine derartige Häufung dem Stil der Zeit nicht entspräche. Es können aber in bereits ausgearbeitete Sätze einzelne Sextakkorde eingesetzt werden.)

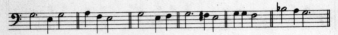

BACH-HÄNDEL-VIVALDI-TELEMANN (1700—1750)

Quintverwandtschaft in Dur

In der temperierten Stimmung, die sich zur Bachzeit durchsetzte, gab es keine reinen, aber auch keine schlecht klingenden Akkorde mehr, durch die den Kompositionen vormals der Bereich verwendbarer Akkorde abgesteckt war. Die *Dur-Moll-Tonalität* hatte sich etabliert, man konnte unbegrenzt modulieren und alle Dreiklänge verwenden, alles aber bezog sich von jetzt an bis zum Ende des 19. Jahrhunderts auf eine Tonika (Rameau: »Tonique«).

Mittels der im 1. Kapitel behandelten *Schlußclauseln* hatte eine Jahrhunderte lange Tradition (wir sahen ein Binchois-Beispiel von 1450) Schlüsse mit Quintfall der Baßstimme derart zur Selbstverständlichkeit werden lassen, daß es schließlich nahelag, immer wieder Gebrauchtes als das Natürliche aufzufassen und gar einen den Tönen innewohnenden Eigenwillen anzunehmen. Wir sollten diesen Gedanken von uns weisen. Wollen in Perotins ›Sederunt‹ und Debussys ›Pelleas‹, in Musik ohne Quintfall, die Töne etwas anderes? In jedem Falle will doch der Komponist, und wenn nicht er, so die Tradition, in der er steht; jede große Kunst vermag ihrer Künstlichkeit den Anschein des Natürlichen zu geben und alles Schöne erscheint als »fertig von Ewigkeit her« (Schiller).

Zwei *quintverwandte* (im Quintabstand stehende) Akkorde genügen nicht, um eine Tonart eindeutig aufzustellen. Die folgende Stelle aus Charpentiers (1634—1704) ›Te Deum‹ könnte in A- wie in D-dur stehen. Selbstverständlich ist einer der fehlenden Töne als *H*, nicht als *B*, anzunehmen; offen aber bleibt, ob *G* oder *Gis* zur Tonart gehört.

Erste und fünfte Stufe bedürfen eines dritten Akkords, in dem die beiden restlichen Töne der Skala enthalten sind. Sowohl der Akkord der 4. wie der der 2. Stufe bieten sich an.

Beide enthalten sie die Töne 4 und 6 der Skala, die somit in der Klangfolge 1—2—5—1 ebenso vollständig enthalten ist wie in 1—4—5—1. Beide Folgen besitzen je zwei fallende Quinten (⌒) und beide haben sie eine schwache Stelle, nämlich eine Akkordfolge ohne Bindeglied, ohne gemeinsame Töne (⋮).

Die in der Literatur der Klassik häufigste Kadenz wird denn auch ein Kompromiß beider Lösungen sein. (Siehe S^6 und S^6_5.)

1 = T (Tonika)
4 = S (Subdominante)
5 = D (Dominante)

Die Bezeichnungen Tonika, Subdominante und Dominante gehen zurück auf Rameau, in dessen System sie allerdings noch einen anderen Sinn hatten. Jeder Septakkord mit anschließendem Quintfall war für Rameau *Dominante*, in C-dur also auch $D - F - A - C$ oder $A - C - E - G$, und erst durch hinzugefügte große Sexte (»sixte ajoutée«) wurde ein Klang zur *Sousdominante*; so konnte in C-dur auch $C - E - G - A$ Sousdominante sein.

Sehr viel früher als in geistlicher Musik hat sich im weltlichen Bereich eine kadenzierende Harmonik entwickelt. Die folgenden Beispiele von Attaingnant (um 1530) sind schon weitgehend aus den drei tonartbestimmenden Akkorden erfunden:

Gaillarde

Pavane

In der gesamten Musik zwischen 1700 und 1850 spielen diese drei Akkorde eine derart entscheidende Rolle, daß man seit Riemann von drei Hauptfunktionen spricht und sämtliche anderen Akkorde als ihre Vertreter deutet. Alle Akkorde funktionieren als tonales Zentrum (T), als Spannung zum Zentrum hin (D) oder als spannungsarme Entfernung vom Zentrum (S).

Der Klanggehalt der S wurde von Wilhelm Maler als ihr Charakteristikum erkannt. Siehe dazu den Bachchoral auf S. 36.

Charpentier, Te Deum

Bach, Choral

Händel, Messias

Die Beispiele von Charpentier und Händel sind typisch, der Bachchoral-Ausschnitt eher eine Ausnahme. Meist ist bei Bach die harmonische Situation komplizierter, und bei schlicht kadenzierenden Stellen bemerkt man die Tendenz, das Lapidare durch lineare Vorgänge zu verfeinern:

Aber auch kompliziert scheinenden harmonischen Entwicklungen der Zeit liegen Kadenzvorgänge zugrunde. Der folgende Bachchoral, der mit C-, D-, E-, F-, G- und H-dur sowie e- und a-moll immerhin acht Akkorde verwendet, ist gefügt aus einfachen Kadenzen, die sich auf verschiedene Zwischentonarten beziehen.

Bei Verzicht auf Zusatztöne (S^6_5) und Vorhalte ($D^{6\;5}_{4\;3}$) tritt die Folge T S D T, wenngleich Ausgangspunkt der meisten Harmonielehren, in der Musik sehr viel seltener auf als die folgenden Kadenzformen, die in allen Tonarten zu spielen sind. Der Leitton (*Dominantterz*) führt zur Tonika; gleiche Töne bleiben in derselben Stimme liegen.

Bei allen schriftlichen wie praktischen Übungen ist vorerst der Akkord-Grundton zu verdoppeln. Aufgrund irregulärer Stimmführung des Sopran springt der in Mittelstimmen liegende Leitton häufig ab, um einen vollständigen Folgeakkord zu gewährleisten.

Hier drei Stellen aus Bachchorälen und in Klammern dahinter die Fortschreitung gemäß der Stimmführungsnorm, die bei (1) und (3) einen möglichen Klang ohne Quinte, bei (2) einen unmöglichen Klang ohne Terz ergäbe.

Es bleibt ferner bei der im 1. Kapitel gegebenen Lizenz: Melodischer Wille darf gegen die Regel der liegenbleibenden gemeinsamen Töne verstoßen. Bei Sprüngen mehrerer Stimmen gilt: Möglichst Gegenbewegung. Nicht alle Stimmen weit springen lassen.

gut: schlecht: Bach, Choral:

großer Sprung
kleinerer Sprung
Schritt
Gegenbewegung

Hinsichtlich Oktav- und Quintenparallelen gilt das im 1. Kapitel Gesagte.

Da der D zur Bachzeit nie die S in Grundstellung folgt, gibt es vorerst nur folgende Fortschreitungen:

Aufgabe: Die gegebenen und selbst erfundenen Rhythmisierungen spielen und aussetzen! Psalmverse rhythmisieren, einen oder verschiedene Funktionsgänge festlegen und für Chor aussetzen. Dabei weniger an Bach als an Händel denken, bei dem derartiger Akkordsatz häufiger erscheint, z. B.:

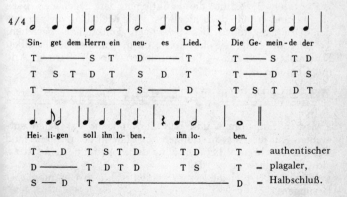

Weitere Verse: Lobet im Himmel den Herrn; lobet ihn in der Höhe. Lobet ihn, Sonne und Mond; lobet ihn, alle leuchtenden Sterne. Sie sollen loben seinen Namen im Reigen; mit Pauken und Harfen sollen sie ihm spielen.

Bei Zäsuren oder bei mehreren Akkorden derselben Funktion wechselt häufig die Lage, z. B.

Rhythmische Phantasie kann ein wichtiges Mittel der Klangverbindung aufspüren: Das Liegenlassen gemeinsamer Töne.

Siehe dazu das zu Beginn des Kapitels gegebene Beispiel aus Händels ›Messias‹.

Aufgabe: Bezeichne die Funktionen der gegebenen Baßstimme und erfinde dazu möglichst viele Melodien, die nur aus den Dreiklangstönen der jeweiligen Funktionen bestehen. Textiere sie. Singe sie und spiele dazu — immer in derselben Kadenzlage bleibend — die Funktionen. Modell: Barocke Arie mit Cembalo.

Zwischen Singstimme und Baß dürfen keine Parallelen entstehen. Auf die Fortschreitungen der Töne in der rechten Hand des Klaviers braucht bei Erfindung der Singstimme keine Rücksicht genommen zu werden.

Hier als Beispiel die ersten beiden Takte zweier möglicher Lösungen:

In Funktionen denken lernen, Funktionen hören lernen ist das Wichtigste. Die folgenden Literaturstellen, die sich im Originalsatz natürlich nicht auf simple Grundakkorde beschränken, die aber aus dem Vorgang der Kadenz erfunden sind, sollen funktionell bezeichnet werden. An mehreren Stellen bieten sich verschiedene Lösungen an.

Melodie singen und dazu am Klavier die Funktionen spielen:

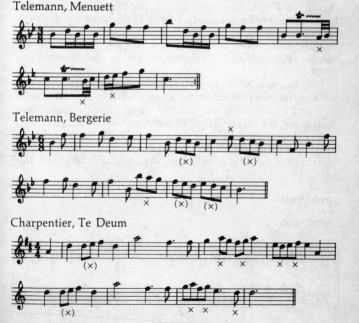

Händel, Messias ›Er war verachtet‹

x = soll nicht harmonisiert werden.
(x) = braucht nicht, kann aber harmonisiert werden.

Sextakkord

Um 1600 wurde (siehe 1. Kapitel) auf einem Baßton Terz und Quinte oder Terz und Sexte aufgebaut. Bei so entstandenen Sextakkorden konnte jeder Ton verdoppelt werden, während man bei Dreiklängen fast ausnahmslos den Grundton verdoppelte. Erst in der Wiener Klassik sind Sextakkorde eindeutig als Dreiklangsumkehrungen zu verstehen. Ihr Baßton ist dann die verdoppelungsfeindliche Dreiklangsterz, der exponierte sensible Ton des klassischen Sextakkords, der diesen lieblich, weich, weniger robust und weniger stabil macht und seinen »Klanggehalt« (Wilhelm Maler) in den Vordergrund rückt.

Die Bachzeit stellt eine Übergangssituation dar. Sie verwendet Sextakkorde meistens schon im Sinne von Umkehrungen und es erscheint als legitim, ihnen dieselbe funktionelle Bedeutung wie ihren Grundakkorden zuzusprechen. Auch trifft man gelegentlich bereits die für die Klassik typische Leuchtkraft und Sensibilität des Sextakkords als Höhepunktklang. Hinsichtlich der Verdoppelungen aber gilt noch, was um 1600 galt.

verdoppelt:

Händel, Messias

Der Heerde gleich

Denn die Glo-ri-a Gottes des Herrn

der starke Gott, und ewig gleich dem Vater

Die allgemeine Lehrmeinung, daß bei Sextakkorden der Funktionsgrundton zu verdoppeln sei, muß in ihrer Gültigkeit auf die Klassik eingeschränkt und darf nicht auf die Bachzeit bezogen werden. Die in den Beispielen angegebenen Tonverdopplungen bei Dreiklängen (bezeichnet mit 1, 3, 5) demonstrieren die Bevorzugung der Grundtonverdopplung, während bei den Sextakkorden Terz und Quinte (angegeben mit $\boxed{3}$, $\boxed{5}$) nicht seltener verdoppelt werden als der Funktionsgrundton ($\boxed{1}$). Wir belegen unsere von der üblichen Lehrmeinung abweichende Satzregel durch Auszählung verschiedener Kompositionen.

	Verdoppelter Ton bei					
	Durdreiklängen:			Dursextakkorden:		
	1	3	5	1	3	5
Acht Choralsätze Bachs	153	7	5	21	32	20
Fünf Abschnitte aus Händels ›Messias‹	122	21	3	24	7	29
Vier Abschnitte aus dem ›Te Deum‹ von Charpentier	112	8	6	13	11	8
zusammen:	387	36	14	58	50	57

Daß bei Haydn geistliche Musik noch stärker historisch orientiert war und sich eine neue Satztechnik deutlicher im Instrumentalwerk profiliert, zeigen die folgende Auszählungen. Der Befund der ›Harmoniemesse‹ entspricht noch der Situation der Bachzeit, während die Quartette endlich dem Sextakkord-Reglement entsprechen, das in den bisherigen Harmonielehren gelehrt wird.

Drei Abschnitte aus Haydns ›Harmoniemesse‹	80	25	6	25	14	21
Abschnitte aus vier Streichquartetten Haydns	93	5!	10!	28!	5!	4!

Einen weiteren Irrtum der bisherigen Lehre offenbart die Statistik. Bei den Dreiklängen der Beispiele der Bachzeit und der ›Harmoniemesse‹ Haydns wurde 36 + 25 = 61mal die Terz verdoppelt, aber nur 14 + 6 = 20mal die Quinte. Die bekannte Regel, daß bei Durdreiklängen möglichst der Grundton, daneben auch die Quinte verdoppelt werden könne, jedoch nur in Ausnahmefällen die Terz, ist also für die Bachzeit absolut falsch. Sie trifft lediglich für die klassische Instrumentalmusik zu (aus der sie offenbar abgeleitet ist), wie die Situation der Haydn-Quartette beweist (5mal Terz-, 10mal Quintverdoppelung).

Aufgabe: Spiele bei verschiedenen Durdreiklängen den Wechsel zum Sextakkord und erprobe alle drei Verdoppelungsmöglichkeiten.

Wie die Literaturbeispiele zeigen, können Sextakkorde betont wie unbetont auftreten. Spiele in verschiedenen Tonarten:
$T_1\ T_3\ |\ S_1\ S_3\ |\ D_1\ D_3\ |\ T\ |\ S_3\ S_1\ |\ T_3\ T_1\ |\ D_3\ D_1\ |\ T\ \|$

Die zu Beginn des Kapitels gegebene Regel, daß der D die T folgen muß, gilt bei Verwendung von Sextakkorden nicht mehr. Die Folge $D\ S_3$ oder $D_3\ S_3$ ist zur Bachzeit nämlich nicht ungewöhnlich.

Hier zwei Stellen aus Choralsätzen Bachs:

Wegen solcher Stellen muß auch das Verbot der Leittonverdopplung präziser als üblich formuliert werden: Bei einer Dominante, die zur Tonika führt, wird der Leitton nie verdoppelt. (Im zweiten Choralausschnitt findet sich eine Leittonverdopplung in der zur S_3 führenden Dominante.)

Sextakkorde werden mit Schritt oder Sprung der Baßstimme von derselben oder einer anderen Funktion aus erreicht. Bei der Weiterführung überwiegt Sekundschritt des Basses, verständlich als sorgsame Behandlung des empfindlichen Klanges, dem die Dreiklangsstabilität fehlt, oder Sprung zur Grundstellung derselben Funktion.

In verschiedenen Tonarten spielen und aussetzen:
$T\ D_3\ |\ T\ |\ T_3\ S\ |\ D\ |\ D_3\ T\ |\ S_3\ D\ |\ T_3\ D\ |\ T\ |\ S\ T_3\ |\ S\ |\ T\ \|$

($\smile$ = Sekundschritt im Baß nach Sextakkord.)

Häufig folgen Sextakkorde aufeinander. In dem Falle sind Baßsprünge unbedenklich. Spielen und aussetzen:
$T\ T_3\ |\ S_3\ S\ |\ T_3\ D_3\ |\ T\ |\ S_3\ T_3\ |\ S\ T\ |\ S_3\ D_3\ |\ T\ \|$

Achte beim Spielen und Aussetzen auf gleichberechtigte Verdopplungen der drei Töne bei Sextakkorden, während bei Dreiklängen in den meisten Fällen der Grundton zu verdoppeln ist.

Hier eine Übung für die Folgen D S$_3$ und D$_3$ S$_3$:
T D$_3$.| S$_3$ D | T T$_3$ D | S$_3$ T D$_3$ | T ||
Die folgenden Baßstimmen, aus Händels ›Messias‹ entnommen, sind funktionell zu bezeichnen und auszusetzen.

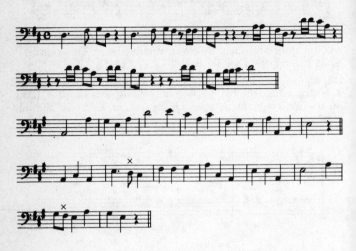

Bei gegebenen Baßstimmen ist der Funktionsgang eindeutig. Die folgenden Soprane dagegen lassen mehrere Lösungen zu. Sinnvoller als das fleißige Aussetzen sämtlicher Melodien ist es daher, eine Melodie immer wieder neu harmonisch zu deuten.

Hier einige Möglichkeiten, den 7. Ton der ersten Aufgabe zu interpretieren:

Händel ›Utrechter Te Deum‹

QUARTSEXTAKKORD

Ein Quartsextakkord kann auf vierfache Weise entstehen. Seine funktionelle Bedeutung und satztechnische Behandlung ist jeweils verschieden. Auch ist er einmal als Konsonanz, einmal als Dissonanz aufzufassen.

1. Ein »Wechsel-Quartsextakkord« entsteht über liegendem Baßton durch Bewegung zweier Stimmen zur oberen Nebennote und zurück. Der Baßton wird verdoppelt. Der Wechsel-Quartsextakkord steht als Dissonanz auf leichter Zeit.

Modell: Freiere Stimmführung: Händel, Messias

Vivaldi, La Primavera

2. »Vorhalts-Quartsextakkord«: Auf schwerer Zeit werden 5 und 3 eines Dreiklangs *vorenthalten* durch 6 und 4. Die Auflösung der Vorhaltsdissonanz durch stufenweise Abwärtsführung erfolgt auf leichterer Zeit. Die Vorhaltstöne können aus einem konsonanten Klang, mit dem sie eingeführt wurden, übergebunden werden (*vorbereiteter Vorhalt*) oder auch frei eintreten.

vorbereitet: frei:

D_4^6, der sogenannte »kadenzierende Quartsextakkord«, ist als Mittel der Schlußbildung von größter Bedeutung.

Die folgenden Beispiele zeigen die so häufige Mischung von 1. und 2.: Es entsteht auf schwerer Zeit ein *vorhaltartiger Wechselquartsextakkord*.

Vivaldi, La Primavera   Händel, Messias

Händel, Messias

3. »Umkehrungs-Quartsextakkord«: Der Baß springt bei bleibender Funktion von Grundton oder Terz in die Quinte und wieder zurück zu Grundton oder Terz. Der vorher und nachher stabilere Akkord legitimiert, *erklärt* die Funktion des schwachen Akkords in der Mitte, der in solchem Zusammenhang nicht als Dissonanz gehört wird.

Fehlerhaft, weil der T_5 keine Stabilisierung folgt, ist diese Stelle:

4. Durch Stufengang der Baßstimme entsteht ein »Durchgangs-Quartsextakkord«. Die Sekundverbindung des Basses legitimiert den unstabilen Akkord und läßt ihn als dissonantes Gebilde nicht hörbar werden.

Im folgenden Beispiel kommen aufgrund der schweren Zeit Vorhalt- und Durchgangswirkung zusammen: *Vorhaltartiger Durchgangsquartsextakkord*. Es sind dabei zwei funktionelle Bezeichnungen möglich:

Aufgabe: In verschiedenen Tonarten spielen und aussetzen.

Der kadenzierende Quartsextakkord, der Vorhalt D_{43}^{65}, tritt wesentlich öfter auf als die anderen Quartsext-Bildungen.

Aufgabe: In allen Tonarten spielen:

T S D_{43}^{65} | T

Charakteristische Dissonanzen

Die kleine Sept, einem Durdreiklang hinzugefügt, verleiht ihm eindeutig dominantischen Charakter. Ebenso deutlich wird subdominantische Funktion, wenn einem Durdreiklang die große Sexte hinzugefügt wird (Rameau: »sixte ajoutée«).

Bei der üblichen Zusammenfassung dieser charakteristischen Dissonanzen zu einem Kapitel dürfen aber ihre Unterschiede in a) *Entstehung*, b) *Aufbau* und c) *Eindeutigkeit* nicht übersehen werden.

a) Die sixte ajoutée ist wesentlich älter als die Dominantsept. Um 1600 gehörte sie längst zu den wichtigsten Mitteln der Schlußbildung:

Die S_5^6 ermöglicht eine Kadenz, in der alle Akkorde durch gemeinsame Töne verbunden sind. Der S_5^6 folgte stets die $D_{4\ 3}^{6\ 5}$ oder D, nie die T.

Aufgabe: Die folgenden Kadenzen sind in allen Tonarten zu spielen.

b) Von einer einem Dreiklang hinzugefügten Sexte zu sprechen, wie es die vom Dreiklang ausgehende Harmonielehre tut, ist nicht unproblematisch, da auch die Sexte statt der Quinte eine sehr alte Kadenzform ist, entstanden in einer Zeit, wo über dem Baß Terz und Quinte oder Terz und Sexte aufgebaut werden konnte. (Zur Bachzeit wird bei der S^6 meist der Funktionsgrundton verdoppelt, während um 1600 wie bei allen Sextakkorden jeder Ton gleichermaßen verdoppelt werden konnte, siehe das Praetorius-Beispiel.)

Korrekter wäre es deshalb, bei S^6_5 in vorbachscher Musik nicht von hinzugefügter Sexte, sondern von *Zusammentreffen von Quinte und Sexte* zu sprechen.

Aufgabe: Diese Kadenz mit der S^6, die zur Bachzeit und auch noch in der Musik der Klassik eine große Rolle spielt, ist in allen Tonarten zu spielen.

Bei S^6-Kadenzen vermeide man durch Gegenbewegung diese Quint- und Oktavparallelen:

Umkehrungen der S^6 gibt es nicht.

c) Der Ton, der einem Klang subdominantischen Charakter verleiht, nimmt ihm zugleich seine Eindeutigkeit. Eine einem Dreiklang hinzugefügte kleine Sept stellt den Terzenaufbau des so entstandenen Dominantseptakkords nicht infrage. Der Klang G-H-D-F steht weiterhin eindeutig auf G und erhält zusätzlich dominantischen Charakter.

Die hinzugefügte große Sexte aber läßt auch eine andere Deutung des entstehenden Vierklanges zu:

Grundton F,   Grundton D,
Zusatz D   Zusatz C

Der zweite Klang, entstanden durch Aufbau dreier Terzen auf dem Fundament D, ein Septakkord auf der zweiten Skalenstufe, funktioniert nach der Auffassung von Rameau, wie bereits dargestellt, als Dominante der Dominante, da er durch die kleine Sept dominantischen Charakter hat und zum Fundament hinstrebt. Insofern läßt sich T S^6_5 D T tatsächlich auffassen als Verschmelzung der Stufenfolgen 1 4 5 1 und 1 2 5 1.

Es bleibt Sache der Auffassung, ob in der folgenden Kadenz der dritte Klang gedeutet wird als Umkehrung einer S^6_5 oder als ›Rameausche Dominante‹, die in doppeltem Quintfall vom Fundament D über G zur Tonika führt.

Umkehrungen der S^6_5 sind selten. Möglich ist im Baß die Terz oder Quinte:

T $S^6_{5\flat}$ D_3 T   T S^6_3 D T

Hier eine durch Häufung der S^6- und S^6_5-Formen zwangsläufig musikferne reine Übungsaufgabe, auszusetzen in verschiedenen Tonarten:

T S^6_5 D T_3 S^6 D T $S^6_{5\flat}$ D_3 T S^6 D T S^6_3 D T_3 S^6 D^6_4 $^5_3$ T

Bei der Weiterführung der S^6_5 ist zu beachten: Quinte und Sext drängen als Dissonanz auseinander. Folgt D, bleibt die 6 liegen und drängt die 5 abwärts (1); folgt D^6_4, bleibt die 5 liegen und drängt die 6 nach oben (2), oder beide Stimmen werden auseinandergeführt (3). Schlecht wäre Weiterführung beider Stimmen in derselben Richtung (4).

① S^6_5 D   ② S^6_5 D^6_4 $^5_3$ ③ S^6_5 D   ③ S^6_5 D^6_4 ④ S^6_5 D   ④ S^6_5 D^6_4

Die vorbachsche Musik kannte zwar bereits Erscheinungen, die für unsere Ohren wie Dominantseptakkorde klingen, doch handelte es sich lediglich um Durchgangs- oder Vorhaltbildungen.

Leonhard Schröter, 1578   A. Hammerschmidt, 1641

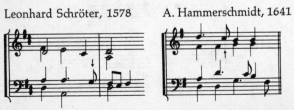

Heinrich Schütz, 1648

Von einem Dominantsept*akkord* kann man erst zur Bachzeit sprechen. Er wird jetzt zu einer der wichtigsten klanglichen Erscheinungen. Zumal im Werk Bachs sind Schlußkadenzen ohne Dominantseptakkord selten. Die korrekte Auflösung der Sept (abwärts) und des Leittons (aufwärts) sollte man streng beachten. Abweichungen sind zwar möglich, haben aber immer einen Grund und sollten nicht zufällig gesetzt werden.

Lediglich die Dominantquinte ist frei in der Fortschreitung:

andere Lagen:

Aufgabe: Man schreibe in verschiedenen Tonarten D⁷-Akkorde in allen Lagen und löse sie korrekt auf. L→ und 7→ einzutragen ist für den Anfang eine gute Selbstkontrolle. Jeder der vier Töne kann im Baß liegen. Es sind also drei Umkehrungen möglich:

1. Umkehrung: 2. Umkehrung: 3. Umkehrung
Quintsextakkord   Terzquartakkord   Sekundakkord

In verschiedenen Tonarten aussetzen und in allen Tonarten spielen:

$T D_3^7 T D_5^7 T_3 D_7 T_3 D_5^7 T D^7 T$

Oft entsteht der D^7-Akkord noch wie in früherer Zeit aus Durchgangsbewegung, wie in dieser Aufgabe:

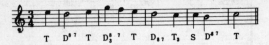

Bei korrekter Auflösung des D^7 in Grundstellung entsteht eine unvollständige Tonika ohne Quinte. Will man eine vollständige Tonika erhalten, kann man in den Mittelstimmen (nicht in Sopran und Baß) die Sept steigend oder den Leitton abspringend weiterführen. Beides taucht auch in der Literatur häufig auf.

Der D^7-Akkord erklingt meist vollständig, also ohne Verdopplungen. Die Quinte kann weggelassen werden. In diesem Falle wird der Funktionsgrundton verdoppelt: *Unvollständiger D^7-Akkord*. Bei seiner Auflösung ergibt sich ein vollständiger Tonika-Akkord.

Das für den D^7-Akkord charakteristische Zusammentreffen des 4. und 7. Skalentones findet man auch bei einem dreitönigen Klang, der zwar schon lange vor Bach verwandt wurde, nun aber auch als eine Form des Dominantseptakkords aufgefaßt wird. galt im 15. und 16. Jahrhundert ebenso wie

als konsonanter Klang (siehe im Isaac-Beispiel

die Auflösung einer Dissonanz in diesen Klang).

Dufay ~ 1450   Isaac, 1541

Praetorius, 1609

Durch das Aufkommen des Dominantseptakkords wird dieser Dreitonklang zur Bachzeit mehr und mehr als unvollständiger D^7-Akkord gehört: Als Dominantseptakkord mit weggelassenem Funktionsgrundton, genannt »verkürzter D^7-Akkord«, dessen Baßton immer (der Klang tritt nur in dieser tradierten Weise auf) die Dominantquinte ist.

$\cancel{D}$ = Fundament der Dominante fehlt.

$\cancel{D}^7_5$ T_3 $\cancel{D}^7_5$ T $\cancel{D}^7_5$ T

Man faßt diesen Klang wie den Dominantseptakkord als Spannungsdissonanz auf, ein interessantes Beispiel dafür, wie sehr Konsonanz und Dissonanz Sache der geschichtlichem Wandel unterworfenen Auffassung sind.

Beide Fortschreitungen, zur T wie zur T_3, waren zur Bachzeit gebräuchlich. Hier Fortschreitungen aus Händels ›Messias‹:

Das Fehlen der Septspannung ermöglicht im verkürzten D^7-Akkord die Aufwärtsführung der Sept zur Tonika-Quinte. Üblich ist die Verdoppelung der Dominantquinte, also des Baßtones. Es kann auch die Dominantsept, nicht jedoch der Leitton verdoppelt werden.

Hier eine Übungsaufgabe zum Spielen und Aussetzen:

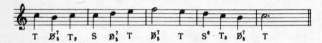

Alle fünf Gestalten des Dominantseptakkords finden sich in Bachs *Weihnachtsoratorium* im Choral ›Ach mein herzliebes Jesulein‹:

Eine in Bachs Choralsätzen sehr häufige Schlußharmonisierung ergibt sich aus den zum Grundton hin absteigenden Melodieschlüssen vieler Choräle.

Hier Schlußkadenzen aus Händels ›Messias‹, die S_5^6 und D^7 auf unterschiedliche Weise verwenden:

Wie sehr der Dominantseptakkord nicht nur zur Schlußbekräftigung taugt, sondern die melodische Erfindung bestimmt, mögen folgende Stellen verschiedener Komponisten belegen, die ganz aus ihm erfunden und nicht nur nachträglich mit seiner Hilfe harmonisiert wurden:

Bach, Suite D-dur

Hier ein harmonisch reichhaltiger Satz bei geringster melodischer Entfaltung:

Anregende Aufgabe, den folgenden Baß zweimal auszusetzen: Einmal korrekt mit wenig Lagenveränderung der Stimmen, sodann mit Berücksichtigung einer möglichst *inspirierten* melodischen Führung des Sopran.

Aus der Literatur der Zeit extrahierte Aufgaben:

Telemann, Suite für Streicher ›La Lyra‹

Halbschluß auf der Dominante

Händel, Messias

Valentin Rathgeber, 1733

HARMONIEFREMDE TÖNE

Melodische Bewegung einer oder mehrerer Stimmen kann sich vollziehen — wie bei Dreiklangsbrechungen —, ohne die jeweilige harmonische Situation zu verändern oder zu stören. In solchem Falle wird wie bei diesen Stellen aus Bachs ›Matthäus-Passion‹ jeder Ton der bewegten Stimmen vom harmonischen Fundament gestützt.

Meistens jedoch, wenn das melodische Aktionstempo größer ist als das harmonische, treten in den bewegten Stimmen harmoniefremde Töne auf, die die Klarheit der harmonischen Situation mehr oder weniger trüben und ihrerseits durch die sie nicht mehr stützenden Harmonien infragegestellt werden; ihre lineare Rechtfertigung muß um so stärker sein.

1. Bei *Durchgängen* ist sie am stärksten. Zwei Sekundschritte in derselben Richtung führen zu einem anderen Ton derselben oder einer neuen Harmonie. Der Durchgangston steht auf leichter Zeit.

Alle folgenden Beispiele sind Choralsätzen Bachs entnommen.

Bleibende — wechselnde Harmonie

Teils bleibende, teils wechselnde Harmonie.

Natürlich kann das Ziel eines Durchgangs auch drei Töne entfernt liegen, wie beim Weg von der 5 zur 8 eines Klanges; so im Alt dieses Beispiels:

Bei gleichzeitiger Durchgangsbewegung mehrerer Stimmen sind in der Regel wie in den bisherigen Beispielen die zusammen erklingenden Durchgangstöne untereinander konsonant.

Die Durchgänge können aber auch untereinander dissonieren, was einen besonders spannungsvollen Tonsatz ergibt:

2. *Wechselnoten* entstehen durch Sekundschritt zu einer Nebennote und Rückkehr zum Ausgangston. Die Wechselnote steht auf leichter Zeit. In der vorbachschen Musik bevorzugte man die untere Nebennote als die weniger auffällige Dissonanz.

Hier ein Abschnitt aus einer Messe von Monteverdi (1651):

Erst zur Bachzeit wurden untere und obere Nebennoten verwandt.

Händel, Messias

(Im Messias-Beispiel untersuche man genau, wo es sich um Wechselnoten, wo um Durchgänge handelt.)

Meist sind Wechselnoten ein melodisches Ornament bei beibehaltener Harmonie. Der Zielton kann aber auch einer neuen Funktion angehören, wie es dieser Bachchoral-Ausschnitt zeigt:

Bei der folgenden Stelle aus einer Bach-Flötensonate, die die Wechselnote in für barocke Siziliano-Sätze typischer Weise einsetzt, ist eine Besonderheit zu beachten: Auch die Klavier-Oberstimme bringt eine Wechselnote, jedoch zeitlich verschoben, so daß Klavierwechselnote und Flöten-Zielton zusammentreffen. Die Klavierwechselnote hat die schwerere Zeit gegenüber ihrem Ausgangs- und Zielton. Sie hat daher mehr Gewicht und einen gewissen vorhaltartigen Charakter.

Hier sehen wir in einem Bachchoral Wechselnoten (W) und Durchgang (D) gleichzeitig in verschiedenem Tempo eingesetzt. Man kann allerdings auch annehmen, daß der eigentliche Akkord C-Es-A heißt ($= D_5^7$), der durch dreifachen Oberstimmen-Vorhalt verzögert wird:

Hier müßte man von einer doppelten Wechselnote sprechen oder von einer vom Tenor fortgesetzten Durchgangsbewegung:

Vorübung: In bereits ausgearbeitete Sätze sind nachträglich Durchgänge und Wechselnoten einzufügen. Dem Anfänger unterlaufen dabei leicht Quintenparallelen wie hier dargestellt:

So entstandenen Parallelen begegnet man zwar auch in Werken großer Meister, jedoch ist ungleich häufiger festzustellen, daß sie bewußt umgangen wurden.

Übung für Durchgänge. Beim drei- oder vierstimmigen Aussetzen dieser Melodie gebe man den Unterstimmen Durchgänge vor allem in den Takten, in denen die Melodie ruhig geführt ist.

Rathgeber

Übung für Wechselnoten. Diese lassen sich in den Unterstimmen leicht gleichzeitig mit den Melodie-Wechselnoten einsetzen, man beschränke sich aber nicht darauf.

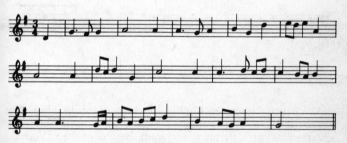

In den folgenden Baßstimmen stecken verschiedenartige, leichte bis sehr schwere aber reizvolle Aufgaben.

a) Funktionell bezeichnen. Die meisten, aber nicht alle Achtel wird man als harmoniefremde Töne auffassen.

b) Schlichter Cembalosatz, drei Stimmen in die rechte Hand. Zu diesem Begleitsatz eine ansprechende Melodie erfinden, die mit Durchgängen und Wechselnoten lebendig gestaltet ist und sodann beim Singen mit dem Cembalosatz begleitet wird. Parallelen der Melodie mit der rechten Klavierhand sind ohne Belang, nur zum Baß muß die Melodie korrekt geführt werden.

c) Vierstimmiger Satz, in dem sich fast ständig eine der Stimmen so bewegt, wie es der Baß in seinen bewegten Takten modellhaft vorführt. Am besten schreibt man derartige Sätze auf vier Systeme.

Rathgeber

Rathgeber

3. *Vorhalt*. Schon im Kapitel 1 kamen wir nicht ohne den kadenzierenden Quartvorhalt D^{43} aus. Bei Behandlung der Quartsextakkorde lernten wir auch den doppelten Vorhalt D^{65}_{43} und die Unterscheidung von freiem und vorbereitetem Vorhalt kennen.

Hier nochmals Modell und Literaturbeispiel:

Modell: Händel, Messias

Bach, Weihnachts-Oratorium

1, 3, 5 und 8 können jeweils durch ihre obere Nebennote vorenthalten werden. 4 3, die älteste Vorhaltform, bleibt die wichtigste. Meist entstehen dissonante Vorhalte, nur 6 5 ist konsonant, kann aber — zumal im Zusammenhang einer vorhaltreichen Komposition — zur *Auffassungsdissonanz* werden.

Modell: Bach, Choral

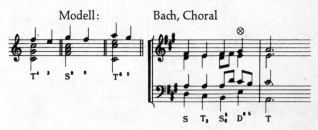

Modell verschiedener Vorhalte:

⊗Vorhalte stehen auf schwerer Zeit. Deshalb überwiegt auch bei Durchgängen auf schwerer Zeit die Vorhaltwirkung.

Obwohl in Dreiklängen Terzen und Quinten verdoppelt werden können, gelten bei Vorhalten besondere Regeln: Vorenthaltene Terzen (1) dürfen nicht, Quinten (2) sollten nicht bereits in einer anderen Stimme erklingen.

Hier etliche aus Bachs Werken entnommene Literaturbeispiele.
Vorbereitete Vorhalte:

Durchgehende Vorhalte:

Freier Vorhalt:

* Die von oben konsequent herabgeführte Sechzehntelbewegung legitimiert hier, was sonst unbedingt zu vermeiden ist, daß nämlich der Auflösungston bereits in derselben Oktavlage erklingt.

Zu vermeiden ist also:

Hier noch zwei Besonderheiten: Dissonante Wechselnote landet in dissonantem durchgehendem Vorhalt (1). Wechselnote ist zugleich in anderer Stimme Vorhaltston (2).

Auch für die vorbachsche Musik waren Vorhalte – allerdings nur vorbereitet – ein wichtiges Mittel. Die Auflösung mußte stets stufenweise abwärts erfolgen.
Hier eine Stelle aus Palestrinas ›Missa Papae Marcelli‹ von ca. 1563:

Diese strenge Regel wird zur Bachzeit gelockert. Gelegentlich werden Vorhalte auch aufwärts aufgelöst (1). Hier wird die T gleichzeitig durch Abwärts- und Aufwärtsvorhalt angesteuert (2).

Die folgenden Übungsaufgaben sind insofern nicht literaturgerecht, als hier alle Möglichkeiten geübt werden sollen, in der Praxis der 4 3-Vorhalt aber der häufigste ist.

$T \; \widehat{D^{4\,3}} \mid T_{4\,3} \; \widehat{S^{9\,8}} \mid \widehat{T^{6\,5}_{4\,3}} \, D^{7}_{4\,3} \mid \widehat{T^{9\,8}} \, \widehat{D^{6\,5}_{4\,3}} \mid T^{4\,3} \, T^{7\,8} \mid \widehat{S^{9\,8}_{3}} \, D^{6\,5}_{7} \mid T$

⌢ = vorbereiteter Vorhalt.

Vor Lösung der anschließenden Aufgaben studiere man die folgenden Bachchoral-Ausschnitte genau, in denen alle Vorhalte, Durchgänge und Wechselnoten bezeichnet sind. Diese Fülle akkordfremder Töne wird man bei Vivaldi kaum, bei Händel selten finden; für Bachs Schreibweise sind diese Stellen typisch.

Beim Aussetzen der folgenden Aufgaben schreibe man möglichst viele harmoniefremde Töne. Es schadet durchaus nichts, wenn erst ein schlichter Satz skizziert wird. Aus dem jeweils nächsten Ton einer Stimme ergeben sich mögliche ausfüllende Bewegungen, z. B.:

Wenn so gefundene Lösungen nicht zufriedenstellen, mag man andere harmonische Wege ausprobieren, z. B.:

›Aus meines Herzens Grunde‹ (1598)

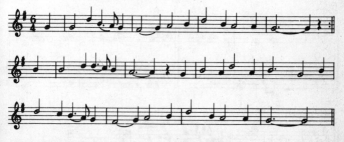

›Unser Herrscher, unser König‹ (1680)

›Liebster Jesu‹ (1664)

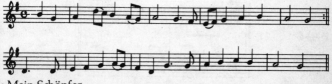

›Mein Schöpfer, steh mir bei‹ (1741)

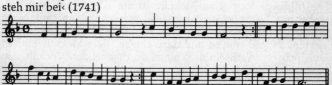

4. *Ab- und anspringende Nebennoten.* Nebennoten stehen auf leichter Zeit. Es sind im Sekundabstand neben einem Akkordton liegende Töne, die schrittweise (wie Durchgang oder Wechselnote) erreicht werden, dann jedoch abspringen (abspringende Nebennoten) oder angesprungen werden und dann schrittweise (wie Durchgänge oder Wechselnoten) weitergeführt werden (anspringende Nebennoten). Letztere findet man äußerst selten.

Hier vier Literaturbeispiele für den weitaus häufigsten Typ der abspringenden Nebennote: Obere Nebennote mit anschließendem fallenden Terzsprung.

Diese anspringenden Nebennoten (Alt und Tenor) sind eigentlich nichts anderes als *Durchgänge mit vertauschten Stimmen*:

Die folgende Rathgeber-Melodie ist am Klavier zu begleiten, wobei pro Takt höchstens zwei Akkorde zu spielen sind. Nicht in Noten aufschreiben, nur die Funktionsbezeichnungen entwerfen, danach spielen und dazu singen. (Die Melodie enthält Durchgänge, Wechselnoten, einen durchgehenden Vorhalt und eine abspringende Nebennote.) Jeden harmoniefremden Ton bezeichnen.

Rathgeber, 1733

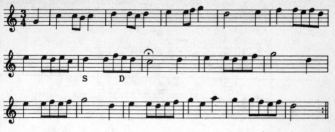

5. *Vorausnahme*. Eine Stimme erreicht schon auf leichter Zeit einen Ton eines Akkordes, den die übrigen Stimmen erst auf der folgenden schweren Zeit erreichen. Vorausnahme der Tonika ist ein typisches Merkmal Händelscher Kadenzierung.

Doppelte Vorausnahme von S und T:

Telemann, Tafelmusik

Vorausnahmen finden sich fast nur in Melodiestimmen und meist in Schlußwendungen.

Hier eine der seltenen Unterstimmen-Vorausnahmen:

Händel, Messias

Der Schlußsatz des ersten Teils von Bachs ›*Matthäus-Passion*‹, die große Choralbearbeitung von ›O Mensch bewein‹, ist wohl das einzige Beispiel einer ganz aus der Vorausnahme entwickelten Motivbildung, die die Komposition in jedem Takt prägt.

Hier eine Rathgeber-Melodie mit ornamentalen Vorausnahmen. Funktionell bezeichnen, singen und am Instrument begleiten.

Übungsaufgabe für abspringende Nebennoten und Vorausnahmen, vierstimmig auszusetzen.

Moll

Zarlino (1558) hat als erster die ganze mehrstimmige Musik auf den Dur- und Molldreiklang zurückgeführt. Der Molldreiklang galt für ihn als weniger vollkommen. Seitdem gibt es für die Musiktheorie das bis heute ungelöste Mollproblem. Helmholtz (1862) definiert Moll als »getrübte« Konsonanz, zusammengesetzt aus zwei Dur-Dreiklängen (1).

Elemente von C-dur und Es-dur ergeben c-moll. Der Dualismus (von Oettingen 1866, Riemann) erklärt Moll als Spiegelung des Durdreiklangs (2).

Große und kleine Terz, stehend auf dem Grundton C = C-dur, große und kleine Terz, hängend am Grundton C = f-moll.

Für die Komponisten ist Moll nie zum Problem geworden. Seine geringere Stabilität und Eindeutigkeit hat sie wohl eher gereizt als abgestoßen.

Unsinnig ist die Aufteilung der Elementarlehre in drei Arten Moll, in drei Molltonleitern. Da sie aber noch allgemein gelehrt wird, sollte man zwar keinen Gebrauch von ihr machen, sie aber kennen.

a) äolischer Kirchenton — natürliches Moll — reines Moll,
b) harmonisches Moll — Durmoll,
c) melodisches Moll.

Noch nie aber gab es z. B. eine Komposition in harmonisch Moll. Moll existiert nicht als Tonleiter, sondern als *Vorrat von 9 Tönen* (Dur: 7 Töne), der jeder Moll-Kompostion zur Verfügung steht.

Die Stereotypie der melodischen Erfindung in Moll zur Bach-Zeit ist erstaunlich (sämtliche Beispiele wurden nach a-moll transponiert):

Man hüte sich vor abwertender Kritik: Das Originalitätsstreben des 19. Jahrhunderts war der Bach-Zeit fremd; noch waren gute Themen anonymes, jedem zugängliches Baumaterial. Die aufsteigende Leiter endet bei der kleinen Sexte *F*, die Tonika wird durch den Leitton *Gis* stabilisiert. Häufig folgen beide Begrenzungstöne dicht aufeinander.

Die verminderte Sept, bislang als melodischer Schritt verboten, wird zum bevorzugten Charakteristikum, und der harmonische wie melodische Moll-Spannungsraum der Bach-Zeit lautet:

Aufgabe: Erfinde ähnliche Anfänge; versuche nicht originell zu sein. Strebe nach typischen Darstellungen dieses Spannungsraumes, in dem neben der verminderten Sept auch gern die beiden verminderten Quinten eingesetzt wurden.

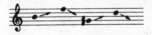

Wird der gesamte Oktavbereich durchschritten, so fallend anders als steigend. Fallend verwendet man kleine Sept und kleine Sexte (1), steigend kann man nur über die erhöhte 6. Stufe von unten den Leitton, die 7. Stufe erreichen (2).

Die komplette Molltonleiter müßte also so dargestellt werden:

Sehr selten sind abweichende Wendungen, wie

Bach, Flötensonate e-moll   Flötensonate E-dur

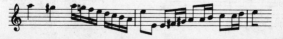

Typisch eingesetzt zeigen die folgenden Beispiele den gesamten Moll-Tonvorrat in melodischer Erfindung, zweistimmigem und vierstimmigem Satz.

Vivaldi, Violinkonzert (von Bach bearbeitet als Orgelkonzert)

Aufgabe: Erfinde Singstimmen und instrumentale Linien, die den gesamten Moll-Tonvorrat verwenden. Finde Beispiele in der Literatur der Zeit.

Wie die folgenden vier Beispiele zeigen, war innerhalb stehender Durdominant-Harmonie die Abwärtsführung des Leittons über die erhöhte 6. Stufe selbstverständlich, während dieselbe Tonfolge *A–Gis–Fis–E* bei Ton-für-Ton-Harmonisierung undenkbar wäre.

Auch als Wechselnote kommt unter dem Leitton nur die erhöhte 6. Stufe in Frage.

Sehr selten begegnet man einer Abwärtsführung der Tonika über beide erhöhten Stufen, was bei Ton-für-Ton-Harmonisierung unmöglich wäre.

Bach, Matthäus-Passion (›Buß und Reu‹)

Beispiele abweichender, also steigender Weiterführung der nicht erhöhten 6. und 7. Stufe sind zur Bach-Zeit selbst in Mittelstimmen selten.

Bach, Orgelkonzert nach Vivaldi

Bach, Choral

Und so überzeugend diese Wechselnote auch klingt (1), sie ist eine große Seltenheit. Man zog Wendungen wie (2) vor.

Bach, Flötensonate Es-dur

Soll dagegen die Moll-Tonart kurzfristig (*Ausweichung*) oder für längere Zeit bzw. endgültig (*Modulation*) verlassen werden, ist gerade das sonst nicht Erlaubte, die Aufwärtsführung der nichterhöhten 6. und 7. Stufe ein geeignetes Mittel: Die Moll-Zentripetalkraft wird außer Kraft gesetzt, demonstrativ zerstört.

Händel, Flötensonate

Beispiele führender Komponisten zeigen, daß dieses Mittel der Veränderung des tonalen Zentrums allgemein gebräuchlich war.

Purcell, Thrice happy

Vivaldi, Oboenkonzert

Händel, Messias

Bach, Orgelfantasia h-moll

Händel, Messias

Die Molltonika wurde von Riemann ^0T, von Karg-Elert ⌟ bezeichnet. Schon 1821 taucht bei Gottfried Weber die Idee auf, Moll-, also Kleinterz-Klänge durch kleine Buchstaben von den Dur-, den Großterz-Klängen abzuheben. Aber erst Wilhelm Maler hat 1931 daraus ein überzeugendes Bezeichnungssystem entwickelt, dem wir uns anschließen.

Alle Formen des D^7 treten auch in Moll auf. Besonders reich ist der Akkordvorrat im subdominantischen Bereich mit ss^6 s^6_5 S S^6. Die Folge s^6_5 D^{87} war zur Bach-Zeit besonders beliebt, vie jeder Chortenor bestätigen wird.

S^6_5 wird in Moll zur Bach-Zeit nicht verwandt. Wohl deshalb, weil seine konsequente Anwendung eine fehlerhafte Leittonverdoppelung nach sich zöge, da die erhöhte Subdominantterz in Moll — im Gegensatz zur natürlichen in Dur — die Aufwärtsführung erzwänge.

Die D führt in den meisten Fällen zur t, doch taucht auch D s_3 und sehr selten D s auf, nie jedoch D S:

Bei Weiterführung der d ist die Abwärts-Tendenz der nicht erhöhten 7. Stufe zu berücksichtigen; dies vor allem in der Oberstimme. So ist die Folge d s nicht in allen Lagen anwendbar.

gut: zu vermeiden:

Zeittypisch die folgenden Harmonisierungen der fallenden Skala im Baß:

Bach, Choralsatz

Messias

In derselben Messias-Arie tritt auch die im Barock beliebte chromatisch fallende Baßstimme auf. (Auch noch im 19. Jahrhundert gilt: Jede Leittontendenz kann durch chromatische Führung in entgegengesetzter Richtung neutralisiert werden.)

Aufgabe: Die folgenden Kadenzen sind in allen Tonarten zu spielen:

Aus der Auszählung zahlreicher Bach-Choräle und Abschnitte aus Händels ›Messias‹ ergibt sich folgende *Verdopplungsregel:*

Bei Molldreiklängen wird in der Regel der Grundton verdoppelt, aber auch Terzverdopplung ist möglich. Sehr selten ist Verdopplung der Quinte. Bei Sextakkorden hingegen steht die Verdopplung des Baßtones, also der Dreiklangsterz, gleichberechtigt neben der Verdopplung des Dreiklangsgrundtones.

Typisch für die geringe Zentripetalkraft von Moll ist, daß sich Kompositionen nur kurz im engeren Kadenzbereich aufhalten und ebenso schnell wie mühelos (meist zur parallelen Durtonart) modulieren. Die Kürze der Aufgaben entspricht also dem zu Übenden.

Aufgaben:

Sopran: H Cis Dis

Händel Kantate, ›Ach, Herr‹

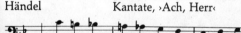

Rathgeber

Kompensiere wie es die Vorlage tut! — melodische Armut mit harmonischem Reichtum!

Rathgeber

Händel

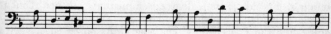

Bach, Choral

Halbschluß auf der D

Choralmelodie

Johann Krüger 1653

Anfang und Schluß einer Choralmelodie, die im Mittelteil

moduliert

aus einem Choralsatz Bachs

ÜBERMÄSSIGER DREIKLANG, NEAPOLITANISCHER SEXTAKKORD

Zur Bach-Zeit tritt der übermäßige Dreiklang, der mit dem Tonvorrat von Moll gebildet werden kann, selten als selbständiger Akkord auf. Meist handelt es sich um eine Vorhaltbildung, die sich je nach dem Zusammenhang zu den Tönen der D oder der t hin auflöst. Erst der Zusammenhang entscheidet, ob in E — Gis — C Gis oder C dissonant ist.

Zwei Beispiele aus Choralsätzen Bachs:

Gehäuft wie in der folgenden Übung tritt der übermäßige Dreiklang zur Bach-Zeit keinesfalls auf:

t D^{65} t s^6 | $D^{6-5-\atop 34-3}$ | t$_3$ $\not{D}^7_5$ t s^6_5 | t$^{78}_3$ s^6_5 D | t

Jephte hatte vor der Schlacht gelobt, im Falle seines Sieges das erste, was ihm aus seinem Hause entgegenkommen würde, dem Herrn zu opfern. In dem Augenblick, da ihm bei der Heimkehr die einzige Tochter als erste entgegenkommt, taucht im wehklagenden Schluß des bis dahin schlicht berichtenden Oratoriums ›Jephte‹ von Carissimi (1645) zum ersten Male, nun aber gehäuft, eine bis dahin aufgesparte Akkordbildung auf: Der in der Neapolitanischen Oper besonders beliebte und von daher so genannte »Neapolitanische Sextakkord« (kurz: *Neapolitaner*), Mollsubdominante mit kleiner Sexte statt Quinte, ursprünglich kleiner Sexte als Vorhalt vor der Quinte.

Schon zur Bach-Zeit entfällt gelegentlich die direkte Vorhalt-Auflösung und es ergeben sich mehrere Einsatzmöglichkeiten des s^n bezeichneten Akkords.

Ob im Sekundschritt oder in verminderter Terz: Auf jeden Fall soll die »*phrygische Sekunde*« abwärts geführt werden. Die barocke Praxis weicht gelegentlich von dieser Regel ab, die man sich dennoch als Normalfall einprägen sollte. Es ist wichtig, zu bedenken, daß dieser Akkord noch zur Bach-Zeit intensivstem Ausdruck der Klage und des Schmerzes vorbehalten war und keinesfalls als pures Akkordmaterial mißverstanden werden darf.

Verdoppelt wird im s^n der Subdominant-Grundton. Bei der Weiterführung zur D ist Querstand unvermeidlich und üblich (siehe ˣ⁾ in den gegebenen Beispielen).

Carissimi, Jephte (~ 1645)

(... und zur Betrübnis meines Herzens jammert ...)

Alessandro Scarlatti (~ 1700)

Bach, Matthäus-Passion

Orgel-Passacaglia

Das Wohltemperierte Klavier

Aufgaben: vierstimmig aussetzen (Text von Gryphius)

Vertone Texte in ähnlicher Weise; setze den s^n jeweils einmal als Höhepunkt ein:
»Was jetzund blüht, kan noch für Abend gantz zutretten werden.«
»Was ist der Erden Saal? Ein herber Thränen-Thal!«
»Wir Armen! ach wie ists so bald mit uns gethan!«
(A. Gryphius)

9 - VORHALT UND VERMINDERTER SEPTAKKORD

Mit dem Tonvorrat von Moll läßt sich der verminderte Septakkord bilden, den alle Komponisten der Bach-Zeit verwenden, der aber für die Sprache Bachs durch sehr häufigen Einsatz in besonderem Maße charakteristisch ist.

Nachdem es Generalbaßbezifferung und Stufentheorie (Septakkord der erhöhten 7. Stufe in Moll: VII^7) leicht hatten mit ihm, wurde er beim Versuch funktioneller Definition zum Problem, mit dessen Lösung man es sich jedoch meist zu leicht machte. Dominantseptnonakkord mit weggelassenem Grundton soll er sein, *verkürzter* D^9_7 genannt und $\cancel{D}^9_7$ oder D^v bezeichnet. Für sein erstes Auftreten zur Bach-Zeit aber gilt, daß man ihn nicht definieren darf als verkürzte Form von etwas, was es in Normalgestalt noch gar nicht gibt. (1) wurde zur Bach-Zeit nicht komponiert; sehr häufig dagegen begegnet man (2) oder (3).

Es handelt sich also gar nicht (noch nicht!) um einen Akkord, sondern um eine Vorhaltbildung im Dominantseptakkord.

Hier vier typische Septnon-Vorhaltbildungen mit Auflösung nach Dur bzw. Moll. In Moll ist die kleine, in Dur die große None leitereigen.

Bach, Matthäus-Passion

* Durchluß einer Stelle in fis-moll, denn die kleine None zeigt die Molltonart an (siehe auch aus Bachs *H-Moll-Messe* ›Qui tollis‹).

Soll zum Nonenvorhalt auch die Sept erklingen, muß im vierstimmigen Satz die Quinte weggelassen werden. Die Vorhaltsnone muß mindestens eine None über dem Funktionsgrundton stehen. Unmöglich also (1), mögliche Lagen z. B. (2).

In allen Beispielen ist auch *Fis* möglich statt *F*; die Zieltonika ist dann A-dur.

Man begegnet demselben Vorhalt auch im Baß, muß ihn dann aber als Sekundvorhalt auffassen und bezeichnen.

Aufgaben:

Selbstverständlich taucht eine derartige, jeden klanglichen Effekt abnutzende Noneninflation nicht in der Literatur auf.

Auch den verminderten Septakkord findet man häufig als Vorhaltbildung im D^7.

Bach, Matthäus-Passion   Choralsatz

Cembalo-Toccata

Es läge also nahe, den verminderten Septakkord auch dann als Vorhaltbildung zu erklären, wenn die Auflösung erst bei Akkordwechsel stattfindet.

Bemerkenswert ist aber, daß die verminderte Sept von Bach gar nicht nach der Vorhaltregel eingeführt wird. Sie tritt in fast allen Fällen unvorbereitet ein, selbst dort, wo unmittelbar davor oder danach Vorhalte regelgemäß vorbereitet werden; auch durch den verminderten Septakkord, der in diesen Fällen also die Rolle der auf leichter Zeit stehenden Vorbereitungskonsonanz übernimmt.

aus Choralsätzen Bachs

Das Wohl-
temperierte Klavier

Daß der verminderte Septakkord eine Mischung aus D und s darstellt (1), machten die bisherigen Harmonielehren deutlich, entschieden sich dann aber doch für die dominantische Bezeichnung $\emptyset_7^9$ oder D^v. Einzig Wilhelm Maler bezeichnete die funktionelle Doppelrolle wenigstens in dem Falle, wo der s-Grundton im Baß liegt (2).

Das hieße also *dominantischer Akkord mit Subdominantgrundton im Baß*. Ich meine, man sollte noch einen Schritt weiter gehen. Keine Frage, daß im dritten Takt der folgenden Stelle aus Rameaus ›Les Cyclopes‹ nicht nur Subdominantisches in einem Dominantakkord mit im Spiele ist, sondern daß dieser Takt der s gehört und der Herrschaftsbereich der D erst im vierten Takt beginnt:

Ebenso unzweideutig hat der folgende D^v *mit der None im Baß* subdominantische Funktion, ist Vorhalt im $s\overset{6}{\underset{5}{}}$:

Händel, Messias

Da zur Bachzeit die Dominantsept und die Subdominantsext charakteristische Bestandteile dieser Funktionen sind, gehören

von den vier Tönen des verminderten Septakkords drei in den
Dominant- und drei in den Subdominantbereich:

Es bleibt nur eine kleine Differenz, und ein Theoretikerstreit
über die funktionelle Bedeutung folgender Stellen sollte unentschieden enden:

Der Klang, in dem der nicht-Tonika-Bereich von Moll zusammentrifft und der die für Moll charakteristische Melodik

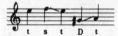

der beiden Leittöne im Extrakt darstellt, darf nicht mißdeutet
werden durch unsere späten Ohren, die durch die Terzentürme
der Musik der zweiten Hälfte des 19. Jahrhunderts dazu erzogen wurden, alles dominantisch zu hören. Wir bezeichnen im
Sinne der Doppelfunktion $\hat{B}^v$ (d. h. $s + D$ *im verminderten
Septakkord*).

Die Töne mit 3, 5, 7 und 9 zu bezeichnen hieße, sie nun doch
auf den Dominantgrundton zu beziehen, der zur Bachzeit aber
nie mit ihnen zusammen als Akkord erklingt. Wir zählen deshalb vom Leitton aus 1, 3, 5, 7. Liegen 3, 5 oder 7 im Baß,
muß dies vermerkt werden.

Aufgabe: Nach Studium der folgenden Stimmführungsregeln ist obige Kadenz, die sämtliche Umkehrungen des $\mathcal{D}^{\vee}$ enthält, nach der Bezifferung in verschiedenen Tonarten zu spielen und auszusetzen.

Aus den bereits bekannten Stimmführungsgesetzen für Moll ergibt sich als zwingend für 1 und 7:

Verdeckt-reine Quinten tauchen zwar bei Bachs Auflösungen des $\mathcal{D}^{\vee}$ verschiedentlich auf, bleiben aber doch Ausnahme. Deshalb muß die 5, der Grundton der s, abwärts geführt werden, dies auch deshalb, weil sie ja zugleich D^7 ist.

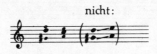

Die 3 des $\mathcal{D}^{\vee}$ ist frei.

Couperins ›L'Ame en peine‹ zeigt zwei verschiedene Fortschreitungen im Baß, wobei im zweiten Falle die seltenen verdeckt-reinen Quinten auftreten:

Also:

Beispiele aus Choralsätzen Bachs:

1. *Aufgaben* aus Bachs ›Matthäus-Passion‹.
a) Vierstimmig aussetzen und nach der Bezifferung in verschiedenen Tonarten spielen:

b) Cembalopart nach der Bezifferung aussetzen, dann singen und spielen:

2. *Aufgaben* aus Händels ›Messias‹.

wie 1 a)

wie 1 b)

3. Für Streicher aussetzen:
Telemann, Streichersuite ›La Lyra‹

Händel, Messias

PARALLELKLÄNGE

A-moll ist die Molltonart mit denselben Vorzeichen wie C-dur. Beide sind zueinander *Paralleltonarten*. Dur hat seine Parallele also eine kleine Terz tiefer, Moll seine Parallele eine kleine Terz höher.

Wie die Grundakkorde liegen auch die Dominanten zueinander parallel.

Riemann hat für diese Molldreiklänge, wenn sie bezogen auf die parallele Durtonart auftreten, die Bezeichnungen *Tonika-, Subdominant-* und *Dominantparallele* eingeführt, die man heute genauso verwendet:

Die dementsprechende Bezeichnung der sechs Klänge, bezogen auf Moll als tonales Zentrum, lautete bei Riemann

(° bedeutete Molldreiklang. Lies also: °T = Molltonika, °Tp = von einer Molltonika die Parallele.)

Nachdem Wilhelm Maler das Bezeichnungssystem von Durklängen durch große, von Mollklängen durch kleine Buchstaben konsequent entwickelt hatte, setzte sich für den Mollbereich die folgende Bezeichnung durch:

In tP wird deutlich, daß die Tonika ein Molldreiklang, der Parallelklang (großes P) ein Durdreiklang ist.

Alle Parallelklänge haben zwei Töne mit der Hauptfunktion gemeinsam. Schon Riemann erkannte, daß zwei dieser Klänge dadurch mehrdeutig sind, daß sie auch mit einer anderen Hauptfunktion zwei Töne gemeinsam haben.

Die Tp ist zugleich ein Verwandter der S, die Dp zugleich

mit der T verwandt. Eindeutig bleibt nur die Sp, da auf der 7. Stufe keine Hauptfunktion steht.

In Moll ist die tP zugleich mit der d verwandt und die sP mit der t.

Hier ist die dP eindeutig:

Seit Grabner nennt man Nebendreiklänge, die eine Hauptfunktion vertreten, zu der sie nicht Parallele sind, Gegenparallelklang oder kurz *Gegenklang*.

Gegenklänge liegen also in Dur über der Hauptfunktion, in Moll unter ihr. Sie haben wie die Parallelen zwei Töne mit der Hauptfunktion gemeinsam:

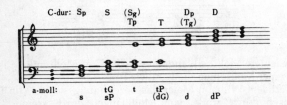

In Moll großes G, da Gegenklänge hier wie Parallelen Durklänge sind.

Indessen bemüht man sich seit Riemann vergeblich (er nannte tG noch »Leittonwechselklang«) mit dem Versuch einer eindeutigen Bestimmung, wann ein Klang denn nun Gegenklang und nicht Parallele sei.

Riemann gab folgendes Beispiel, das ich in der heute üblichen Klangbezeichnung wiedergebe:

Obwohl er beim dritten Klang zwei Deutungen zuließ, sind sie beide musikfern: Sg S Sp ist unglaubwürdig, da niemand drei verschiedene aufeinander folgende Akkorde als Versionen einer Funktion komponiert oder hört. Und T Tg Tp ist vollends unmöglich: Der Quintfall e-moll — a-moll muß als Funktionswechsel gedeutet werden.

Mir scheint die einzig sinnvolle Deutung T Dp Tp S Sp D D⁶ T, das heißt, ich glaube, gerade in Riemanns eigens zur Gegenklang-Definition gegebenem Beispiel, an keinen Gegenklang. Seit Riemann wird er gelehrt und doch taucht er in den Lehrbuchaufgaben (mit Recht) kaum auf.

Vielleicht kann das folgende Beispiel überzeugen, in dem E–G–H einmal als Dp, einmal als Tg bezeichnet ist:

Wegen der Seltenheit unmißverständlicher Gegenklänge sind in oben gegebenem Beispiel alle Gegenklänge eingeklammert bis auf einen: den tG in Moll, der eindeutig als t-Vertreter gehört wird, wenn er, wie häufig zur Bachzeit, als *Trugschluß* in Moll eingesetzt wird.

Trugschluß: Nach der D in Dur (Leitton meist in der Oberstimme) wird als Schluß eines Stückes oder einer Phrase die T erwartet, an ihrer Stelle erscheint jedoch die Tp; nach der D in Moll wird die t erwartet, an ihrer Stelle erscheint jedoch der tG.

Aufgabe: Die folgenden Trugschluß-Kadenzen sind in verschiedenen Tonarten zu spielen, nicht mechanisch: Man soll den Trugschlußakkord dabei als Tonikavertreter hören lernen. Schon wegen der Parallelengefahr soll im Trugschluß-Akkord die Terz verdoppelt werden (siehe *'*), aber auch deshalb, um in diesem Klang das Tonika-Element besonders zu stärken.

Bach, Choral

Man beachte bei Parallelklängen die für Dur- und Molldreiklänge und Sextakkorde gegebenen Verdoppelungsregeln.

Umkehrungen: Im starken Dur wird der kurzfristige Übergang in den schwachen parallelen Mollbereich nur glaubhaft, wenn die Mollakkorde in stärkster, eindeutiger Gestalt erscheinen, also nicht in Umkehrungen. Sp_3 würde man eher als S^6 auffassen, Dp_3 eher als D^6. Beim Übergang aus Moll wird der stärkere parallele Durbereich hingegen auch durch Akkorde in Umkehrung glaubhaft.

	C-dur		a-moll	
Naheliegende Auffassung:	S^6	D^6	tP_3	sP_3
Fernliegende Auffassung:	Sp_3	Dp_3	d^6	t^6

Merke: Tp Sp Dp kaum als Sextakkord,
       tP sP dP durchaus als Sextakkord.

PARALLELEN IN DUR

Zwischen Hauptdreiklängen eingesetzte einzelne Parallelen stehen sowohl auf schweren wie leichten Zeiten, obwohl man bisweilen die nicht zutreffende Lehrmeinung hört, sie bevorzugten die leichten Zeiten.

Bach, Choralsätze

Flötensonate E-dur

Händel, Messias

Händel, Kantate

Concerto grosso

Die folgende, aus Elementen der gegebenen Beispiele zusammengesetzte Funktionenfolge ist in verschiedenen Tonarten zu spielen und auszusetzen.

$T\ Tp\ T_3\ S\ |\ T\ D\ Tp\ D\ |\ Dp\ T\ S\ T\ |\ Sp\ T_3\ S^{6}_{5}\ D\ |\ T\ \|$

Sehr häufig stehen Funktionsklang und sein Stellvertreter nebeneinander, wobei in den meisten Fällen der Funktionsklang vorangeht. Folgen wie Tp T Sp S Dp D findet man zur Bach-Zeit kaum.

Telemann, Suite für Streicher

Bach, Flötensonate A-dur

Bach, Choral

Händel, Messias

Die Funktionsfolgen $|\ T\ Tp\ |\ S\ Sp\ |\ D\ Dp\ |\ Tp\ S_5^6\ |\ D_{4\ 3}^{6\ 5}\ |\ T\ ||$ und $|\ T\ |\ Tp\ S\ |\ Sp\ D\ |\ T\ ||$ gehören zu den wichtigsten harmonischen Denkwegen barocker Musik. Spielen und aussetzen in verschiedenen Tonarten!

Eine reizvolle Aufgabe: Zweistimmige Sätze erfinden und funktionell bezeichnen für Melodieinstrument und Cembalo-Baßstimme. Wer nicht gleich Melodien aus mitgedachten Funktionen heraus erfinden kann, arbeite erst Funktionsfolge und Baßstimme aus.

Sehr oft folgen zwei Nebendreiklänge direkt aufeinander, vor allem wenn diese im Quart- oder Quintabstand stehen, also z. B. Tp Sp, Tp Dp, Sp Tp, Dp Tp.

Bach, Choral

Flötensonate C-dur

Händel, Utrechter Te Deum

Aufgabe: Kadenzfolgen der Beispiele spielen und, zu längeren Folgen zusammengestellt, aussetzen.

Es leuchtet ein, daß man größere zusammenhängende Gruppen von Nebendreiklängen kaum finden kann, da der parallele Mollbereich, wenn er in sich zusammenhalten soll, dem Mollakkord Dp die Durversion auf derselben Stufe vorzieht. Dadurch geht jedoch der direkte Bezug zur T verloren, so daß bereits von einer Ausweichung gesprochen werden muß:

Bach, Choral

Die folgende Aufgabe kann auf verschiedene Weise ausgesetzt werden:

1. Als Chorsatz,
2. als Cembalosatz (dreistimmige Akkorde rechts, links nur die Baßstimme).
3. Zu diesem Cembalosatz ein Melodieinstrument hinzuerfinden.

Messias, Arie ›Wohlauf‹

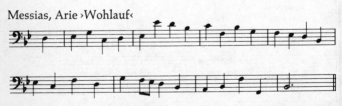

Aussetzen für Streicher, wie im Chorsatz üblich auf zwei Systeme notiert.

Telemann, Menuett aus der Suite für Streicher

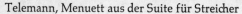

›La Lyra‹ [1. + 3. Abschnitt]

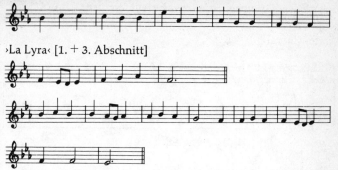

Aufgabe: Choräle vierstimmig aussetzen, z. B. ›Lobe den Herren‹, ›Gott ist gegenwärtig‹, ›Liebster Jesu wir sind hier‹, ›Nun laßt uns Gott dem Herren‹.

PARALLELEN IN MOLL

Im Gegensatz zu Dur sind in Moll einzeln eingesetzte Durparallelen (außer dem tG) eine große Seltenheit, während sie in Zweiergruppen sehr häufig sind.

Messias

Händel, Utrechter Te Deum

Aufgabe:

$$| \text{ t dP } | \text{ tP s}^6 | \text{ D}^{6\,5}_{4\,3} | \text{ t } \|$$
$$\text{t } | \text{ sP tP } | \text{ s t } | \text{ sP s } | \text{ D t } \|$$

Noch zahlreicher sind die Fälle, wo drei Durparallelen zu kadenzierenden Gruppen zusammengestellt werden:

Bach, Choral

Händel, Stellen aus Concerti grossi

Bach, Flötensonate Es-dur

Diesen zeittypischen harmonischen Gedankengang sollte man sich besonders einprägen.

Aufgabe:

$$t \mid sP\ dP \mid tP\ s^6 \mid D^{6\ 5}_{4\ 3} \mid t \parallel$$

Schwer ist die Grenze zu ziehen, nicht jedes Ohr hört hier gleich, wie lange noch von Parallelen einer Mollkadenz gesprochen werden kann und von wann ab man eine Ausweichung oder Modulation sehen soll.

Die folgenden Beispiele aus Choralsätzen Bachs mit in Dur abkadenzierendem Phrasenschluß werden aber wohl von jedem als Wandel des tonalen Zentrums gehört:

Moll tendiert stark hin zum parallelen Durbereich, während Durstücke ihre Mollparallele seltener zum Modulationsziel wählen und wesentlich stärker zum Dominantbereich hin tendieren.

Schwierige Aufgaben für besonders Interessierte:
Der zweitaktige Baß einer Bachschen Orgeltriosonate kann, ständig wiederholt, Grundlage einer zweistimmigen Chaconne werden. Aus den Funktionen immer neue Figuren für die Oberstimme erfinden, erst ruhige, dann lebhaftere:

Schreibe zu jedem Funktionswechsel des folgenden Händel-Basses den entsprechenden Akkord für die rechte Hand des Cembalisten. Beachte bloße Durchgangsbewegungen. Probiere verschiedene Möglichkeiten aus.

Messias

Diese Sopranstimme Händels kann von verschiedenen Funktionsgängen getragen werden. Arbeite verschiedene mögliche Bezeichnungen aus und erfinde in ihnen eine lebendige Chorbaßstimme.

Messias, Chor ›Er traute auf Gott‹

QUINTFALL-SEQUENZEN IN DUR UND MOLL; SEPTAKKORDE

Dur und Moll steht zu Quintfall-Sequenzen dieselbe Akkordfolge zur Verfügung, nur Ein- und Ausstieg wählt man an anderen Stellen. Wie häufig man derartigen Bildungen bei Bach und Händel, vor allem aber bei Vivaldi begegnen kann, wird nur den erstaunen, der die weise Balance von harmonischer Aktivität und Passivität noch nicht bewußt hörend erfahren hat.

Beim Eintritt in eine Sequenz weiß der Hörer für eine Weile voraus, was geschehen wird. Ein rechtes Maß an Sequenzen vermittelt den Eindruck der Verständlichkeit einer Sprache, ihrer Leichtigkeit und Mühelosigkeit; zu viele Sequenzen den Eindruck der Banalität.

Man übe diese Sequenz doppelt, einmal in Dur, einmal in Moll denkend, und wähle verschiedene Ein- und Ausstiegsstellen.

Der verminderte Dreiklang, in Dur auf dem 7., in Moll dem 2. Skalenton errichtet, wird im Rahmen einer Sequenz toleriert. Da jeweils fünf Stufen gefallen wird, wäre es sinnwidrig, ihn als verkürzten D^7 deuten zu wollen: Alle Sequenzklänge stehen auf ihrem Grundton, und so steht man auch hier, wenngleich schlecht, auf H.

Man beobachte an den Literaturbeispielen, daß die Sequenzmodelle innerhalb einer Funktion stehen (5) oder zwei Funktionen umfassen (1). Sehr häufig ist Imitation zweier Stimmen, wobei das Sequenzmodell in einer Stimme zwei Funktionen umfaßt, damit verzahnt aber in der anderen Stimme auftritt (2), (3), (4). Diese drei Beispiele zeigen übrigens die beliebte *Septakkord-Sequenz*.

Modell einer Septakkord-Sequenz:

Bei längeren Sequenzen verliert der Hörer den funktionellen Bezug. Hier wird reine Stufenbezeichnung sinnvoll: VI II V I IV VII ...

(1) Bach, Menuett

(2) Vivaldi-Konzert in Bachs Orgelbearbeitung

(3) Bach, Flötensonate A-dur

(4) ›Matthäus-Passion‹

(5) Stellen aus Vivaldi-Konzerten in Bachs Orgelbearbeitung

Aufgabe: Erfinde Kadenzen in Dur und Moll mit Einbau unterschiedlich langer Sequenzketten. Setze einige vier- oder dreistimmig aus, auch zweistimmiger Satz ist möglich, und schreibe teils für Chor, teils für Instrumente.

Außerhalb der Sequenz-Legitimation taucht in Moll II^7 (*H-D-F-A* in a-moll), der *Septakkord auf der 2. Stufe* nur auf als Umkehrung: s_6^5, also d-moll mit hinzugefügtem *H* im Baß. In Dur findet sich derselbe Akkord VII^7, *Septakkord auf der 7. Stufe*, von Sequenzen abgesehen nur als Durchgangsbildung.

Dazu zwei Beispiele aus Bach-Chorälen. (Erst in der Klassik *steht* ein Septakkord auf der 7. Stufe; siehe dort.)

In Quintfall-Sequenzketten spielt jeder Akkord zum nächsten eine gewisse dominantische Rolle, die durch hinzugefügte Septime noch deutlicher hervortritt. Septimen werden stets sekundweise abwärts aufgelöst. Folgt Septakkorden kein dominantischer Schritt (Quintfall), so entfällt auch die dominantische Wirkung. Die Sept erhöht dann lediglich als Dissonanz den Spannungsgehalt des betreffenden Akkords. Als Folgeakkord kommt nur einer derer in Frage, die die Abwärts-Auflösung der Sept ermöglichen:

Es folgen etliche Beispiele von Septakkorden auf verschiedenen Stufen in Dur und Moll aus Choralsätzen Bachs:

Hier zwei Übungsaufgaben mit Septakkorden auf verschiedenen Stufen:

(1) T T$_3$ Sp^7 D$_5^7$ T^7 S^7 D$_7$ Dp^7 S T Tp^7 Sp $\not{D}_5^7$ T

(2) t^8 t^7 s sP^7 dP d^7 tG s^7 d$_{12}$ dP tP^7 s t

ERWEITERUNG DES KADENZRAUMS

Etwa um 1640 entwickelt sich einer der wichtigsten Dur-Melodietypen: Ein erster Melodiebogen endet mit dem Grundton und wird wiederholt. Sodann steuert die Melodie die Quinte an und befestigt diese durch ihren Leitton zu einer Zwischentonika, wonach der vierte Abschnitt, der häufig den melodischen Höhepunkt bringt, wieder zum Grundton und zur Haupttonika zurückführt.

O Gott, du frommer Gott (1670)

Straf mich nicht in deinem Zorn (1694)

Nun danket alle Gott (1647)

Aufgabe: Man erfinde diesem Modell entsprechende Melodien.

Die zur Harmonisierung notwendige Dominante der Dominante wird ⒟ bezeichnet und »Wechseldominante« genannt. Sie ist von größter Bedeutung, da die Ausweichung in den Dominantbereich die wichtigste Erweiterung des Kadenzraumes in barocker und klassischer Musik darstellt. Alle Formen der D stehen auch der ⒟ zur Verfügung.

Die folgende Kadenz ist in verschiedenen Tonarten zu spielen und auszusetzen.

Häufig vertritt die ⒟ die S in der Kadenz.

Den Unterschied zwischen dominantischem Halbschluß und Kadenz zur Dominante als Zwischentonika verdeutlicht der folgende Melodietypus, der in dieser Zeit ebenfalls häufig auftritt.

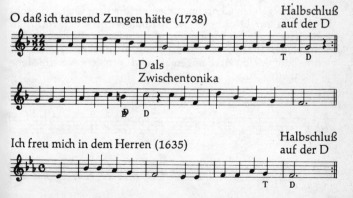

Aufgabe: Diese wie die zu Beginn gegebenen Melodien sind auszusetzen oder nach funktioneller Bezeichnung am Klavier zu spielen.

Bei all diesen Melodien kann man der Auffassung sein, daß nicht nur ein Leitton, sondern ein ganzer Melodieabschnitt auf ein neues harmonisches Ziel zu beziehen ist. In solchem Falle kann die harmonische Bezeichnung in der Zwischentonart gemäß folgender Regel vorgenommen werden: Alle eingeklammerten Funktionen beziehen sich auf den der Klammer folgenden Klang, dessen funktionelle Bezeichnung in der Haupttonart vorgenommen wird.

Oft sind bei einer Harmonisierung mehrere Interpretationen möglich, dann nämlich, wenn es sich um allmählichen, nicht ruckartigen Wechsel des tonalen Schwerpunktes handelt:

Auch die folgenden Choralmelodien weichen zur D aus, obwohl der Leitton zur D nicht in der Melodie selbst erscheint. Man suche jeweils die Stelle, an der es am meisten überzeugt, den Wechsel der funktionellen Beziehung anzunehmen; man bezeichne die Melodien demgemäß und probiere verschiedene Möglichkeiten aus.

Valet will ich dir geben (1615)

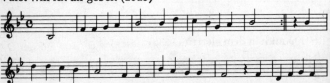

Was Gott tut, das ist wohlgetan (1681)

Auch Ausweichungen zur S kann man, wenngleich viel seltener, begegnen, wobei man die Subdominante der Subdominante $\mathsf{\S}$ bezeichnet und »Wechselsubdominante« nennt. Sie kann auch als $\mathsf{\S}^6$ sowie als $\mathsf{\S}^6_5$ auftreten.

Die nachfolgende Melodie von Gastoldi verweilt so lange im Bereich der S, daß sich bei der funktionellen Bezeichnung eine längere Klammer empfiehlt.

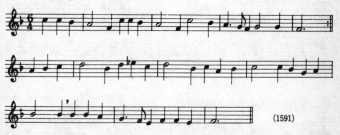

Alle Funktionen können durch ihre Durdominante befestigt werden. Die D ist also ein Sonderfall dieser sogenannten *Zwischendominanten,* die (D) bezeichnet werden und sich auf den nachfolgenden Klang beziehen. Alle Funktionen können aber auch Zentrum längerer Ausweichungen sein.

Die folgenden Melodien enthalten Ausweichungen (bis zu drei in einer Melodie) zur D, zur Tp und zur Sp. Funktionell bezeichnen, spielen und aussetzen.

Siegesfürste, Ehrenkönig (1678)

Lobet den Herren (1653)

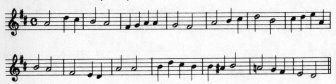

Es jammre, wer nicht glaubt (1735)

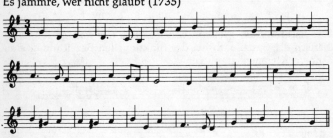

Jesus, meine Zuversicht (1653)

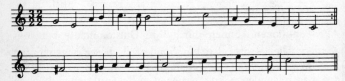

Auch die T kann durch Hinzunahme der kleinen Sept Zwischendominantseptakkord zur S werden.

Hier die chromatische Tonleiter, einmal im Sopran, einmal im Baß, ermöglicht durch zwischendominantische Leittöne. Das Ergebnis mag überladen erscheinen, Chromatisierung dieser Art ist jedoch typisch für die Musik Bachs.

T (D^7) Sp (D^7) Dp (D^7) S D^7 D (D^7) Tp (D^7) $\mathcal{S}$ D^7 T

T (D_5^7) Sp (D_5^7) Dp (D_5^7) S D_5^7 D (D_5^7) Tp (D_5^7) $\mathcal{S}$ D_5^7 T

Hier fünf Literaturbeispiele: Drei Stellen aus Bachs ›Weihnachtsoratorium‹ und zwei Ausschnitte aus Choralsätzen Bachs. Steht der Bezugsakkord einer Zwischendominante nicht wie üblich nach sondern vor ihr, wird dies durch Pfeil kenntlich gemacht, z. B.: T_{87} Tp ← (D^{87}) S.

Die folgenden Aufgaben zum Spielen und schriftlichen Aussetzen entstammen zunächst Bachschen Choralsätzen. Die Baß-Aufgabe gibt den harmonischen Extrakt der Takte 13—18 der *Air* aus Bachs Orchestersuite D-dur wieder.

Die erste Aufgabe zeigt übrigens, daß es auch Zwischen-Subdominanten in allen Formen gibt.

Interessant ist die harmonische Disposition im F-dur-Präludium des ›Wohltemperierten Klaviers‹, Teil 1, von Bach.

Zunächst noch eine Zeichenerklärung: In Takt 11 taucht eine Zwischendominante auf, die ihr Ziel, hier die S, nicht erreicht, ohne dieses Ziel aber nicht bezeichnet werden kann. Diese nicht erreichten Ziele von Zwischendominanten bezeichnet man seit Riemann in eckigen Klammern:

Schlichte Eröffnungskadenz mit der die Tonart eher festigenden als verlassenden (D) zur S in den ersten zwei Takten. Erweiterung des Kadenzraumes mit etlichen einzelnen Zwischendominanten, die die Tp zu einem Zwischenzentrum aufbauen bis Takt 8. Anschließend der Höhepunkt der harmonischen Ausweitung: Von E-dur fünffacher Quintfall, der interessanterweise die leitereigenen Fassungen der Stufen ausspart. Es erscheinen also A-*dur*, D-*dur*, G-*dur*, c-*moll* und die Tonika selbst als Zwischendominante zur S. (Die Bezeichnung $\cancel{D}$, die mir hier praktikabel erscheint, taucht bereits in Distlers Harmonielehre auf.) Abschließend eine große beruhigende, die Tonart wieder festigende Klangfläche.

^{1} T (D^7) S | D T | ^{2} $\cancel{D}$ D | ^{3} (D) Tp | D Tp | ^{4} (D) Tp | Sp ($\cancel{D}$v) | ^{5} Tp S |
^{6} ($\cancel{D}$ $\cancel{D}$ | D) $\cancel{D}$ | ^{7} | d (D^7) [S/Sp] | ^{8} (D) Sp | ^{9} D^7(D^7) | S^{76} | ^{10} D$_7$ T$_3$ Tp |
^{11} Sp D T (D^7) | ^{12} S D | ^{13} T S D T ‖

₯, § UND (D) IN MOLL

Alle Arten von Zwischendominanten spielen in Moll eine wesentlich kleinere Rolle, und zwar aus mehreren Gründen:

1. Der im Kapitel Moll behandelte größere Tonvorrat des Mollbereichs, der mit s S d D eine gegenüber der Durkadenz sehr viel reichere Harmonik ermöglicht, macht Ausweichungen zur Bereicherung des klanglichen Lebens weniger erforderlich.

2. Im Durbereich ist die D Ziel der meisten Ausweichungen, in Moll die tP. Deren Dominante (die dP, die man, wenn sie als Dominantseptakkord auftritt, besser mit (D^7) tP bezeichnet) spielt für Moll also die Rolle, die der ₯ in Dur zukommt. In Moll ist die ₯ seltener als in Dur.

3. Aber die Entfaltung des parallelen Durbereichs gefährdet stets die Oberherrschaft der t, läßt diese vergessen, macht Ausweichungen zur Modulation: *In Moll* treten also Zwischendominanten selten auf, meist führen sie *von Moll weg*.

4. Einer § in Moll wird man kaum begegnen, denn die 7. Stufe in Moll wird fast immer glaubhafter legitimiert als dP. ₰ hingegen ist möglich.

5. Wichtig als Zwischendominante in Moll ist deshalb vor allem die den Moll-Kadenzraum nicht gefährdende, sondern sichernde, nicht aus ihm herausführende (D) zur s, also die Tonika als Zwischendominante.

Dazu einige Literaturbeispiele:

Bach, Motette ›Jesu meine Freude‹

Im ersten Takt die typische Modulation zur tP. Solche Stellen in der Grundtonart zu bezeichnen — hier müßte es heißen t tP (D_3^7) tP /(S_5^6 D^{87}) tP / tP ($\cancel{D}_5^7$ D) tP / — wirkt gekünstelt und musikfern. Im vierten Takt die in Moll seltene Ausweichung in den Bereich der Dominante (Molldominante mit Durschluß). Den Fis-dur-Akkord hier als $\cancel{D}$ in e-moll zu bezeichnen, ist allerdings gewaltsam: E-moll ist im Augenblick völlig vergessen. *Fis* ist eindeutig und nur Dominante zu *H*.

Hier zwei von zahllosen möglichen Beispielen für die verdurte Molltonika mit kleiner Sept als Zwischendominante zur s.

Bach, Sarabande

Motette ›Jesu meine Freude‹

Hier ein typisches Beispiel für die schwache *Zentripetalkraft* von Moll. Eine dP mit auf sie bezogener Zwischendominante führt die Motette weg von g-moll, das vergessen und erst nach 23 Takten wieder angesteuert wird.

Bach ›Komm, Jesu, komm‹

Aufgabe:

t D_3^7 t (D_7) s_3 t_5 $\cancel{D}_3^7$ D t (D_{87}) tP_3 s^n $D^{\substack{6\\4\,3\\}{5}}$ t_{87} sP (D_3^7) sP s_5^6 $\cancel{D}_3^7$ $D^{\substack{6\\4\,3\\}{5}}$ t

Der verminderte Septakkord als Zwischendominante

Ein wichtiger Akkord in Moll ist der sich zur D auflösende verminderte Septakkord. Die Funktionstheorie bezeichnet ihn als *Septnonakkord der Wechseldominante mit weggelassenem Grundton*, $\cancel{D}^9_7$ oder $\cancel{D}^v$.

In c-moll:

Bevorzugte Stellung: Imposanter Abschluß von großangelegten Moll-Kompositionen. In ihm wird die Doppelfunktion noch deutlicher, um derentwillen wir schon den zur t führenden verminderten Septakkord mit $\cancel{D}^v$ bezeichneten. Hier ergäbe sich jetzt die Bezeichnung ($\cancel{D}^v$) D, doch sollte man genauer notieren, was man *hört*: Die Töne C und Es in obigem Beispiel hört man nicht umständlich als *zur Dominante führende*

Zwischensubdominante, sondern — was viel näher liegt — als Tonika. $\mathfrak{D}$ und t mischen sich in diesem Akkord, den wir deshalb $^t\mathfrak{D}^v$ bezeichnen.

Dabei erscheint sogar der t-Anteil als der stärkere, zumal wenn statt $^t\mathfrak{D}^vD$ t der Weg zur Tonika über den Quartsextvorhalt führt:

Die beiden Tonikatöne sind die stärkeren, sie ziehen den Leitton zur Dominante herauf. Daher wohl die triumphale Wirkung, der Kraftbeweis, der Sieg der t.

Schlüsse von Bachs großen Orgelwerken liefern zahlreiche Beispiele. Hier einige davon:

Hör-Analyse:

In den beiden folgenden Beispielen, ebenfalls aus Orgelwerken Bachs, spiele man die mit ⌐——¬ bezeichneten Stimmen gesondert. Sie sind eindeutige t-Elemente:

Vivaldis Concerto grosso für vier Geigen in h-moll op. 3 Nr. 10 bringt am Ende des 2. Satzes ein typisches Beispiel für den aus $^t\!D^v\,D$ gebildeten Halbschluß.

Das folgende Bach-Beispiel zeigt die seltene Umstellung der Funktionsbestandteile: 7 und 5, also die Tonika-Töne, liegen im Baß, 1 und 3, die D-Töne, oben.

Hör-
Analyse:

Verminderte Septakkorde können als Zwischendominanten zu allen Stufen eingesetzt werden und sich in Moll- wie auch Durakkorde auflösen. Wir kennen sie ja bereits vor t und D. Sie treten also auch in Dur-Kompositionen auf.

Hier ein abenteuerliches Beispiel aus Bachs ›Wohltemperiertem Klavier‹, 2. Teil:

Zur T, Sp und D führende verminderte Septakkorde finden wir im C-dur-Präludium des 1. Teils. Hier der akkordische Extrakt:

Bemerkswert an der zweiten Stelle die Folge zweier verminderter Septakkorde. *G* wird in der Baßstimme hier gleichsam von beiden Richtungen aus chromatisch angesteuert.

Der dritte Ausschnitt zeigt eine Wendung, die zur Bachzeit relativ selten auftrat, in der Klassik aber wichtig wurde: Das üblicherweise zur Dominantquinte fallende *Es* a), häufig vor dem Fall aufgehalten im Mollquartsextvorhalt b), wird hier gleichsam unter Aufbietung äußerster Kraft entgegen seiner Tendenz hinaufgezwungen ins strahlende *E* des Durquartsextvorhalts c).

Hier ein Beispiel aus Bachs ›Weihnachtsoratorium‹, das deutlich macht, daß wir hier nichts hineininterpretieren. Offenbar wurde schon zur Bachzeit die *Macht* dieser harmonischen Wendung empfunden.

Man hüte sich vor Mißbrauch durch zu häufigen Einsatz des verminderten Septakkords, wenn man dem Stil der Bachzeit nahebleiben will.

In Händels ›Messias‹ schildert die folgende Stelle seine Wunden und unsere Sünden gerade dadurch so ausdrucksvoll, daß dieser Akkord sehr lange vor- und nachher nicht eingesetzt ist:

Als Aufgabe folgen hier deshalb auch nur einzelne Stellen:

Vermolltes Dur

Haben wir im Mollbereich neben s und d die *verdurten* Dominanten S und D in allen Erscheinungsformen beobachtet, so werden wir auch den Durbereich *vermollt* finden durch alle Formen der s, also auch s^6, $s^{\overset{6}{5}}$, s^n. Hier ein Beispiel aus einem Bach-Choralsatz:

Die übliche Lehre besagt, daß man aufgrund des fehlenden Leittons im »natürlichen Moll« die 7. Stufe »der ursprünglichen Mollscala chromatisch erhöhte«, um eine D zu erhalten als »von Haus aus fremde Bildung« (Lehrbuch von Louis-Thuille). Sie sieht als Analoges die chromatische Erniedrigung der 6. Stufe in Dur, wodurch die Subdominante eine Mollterz mit starker fallender Leittonenergie (in C-dur: As → G) erhält. Der Aufbau der Lehrbücher »von leicht zu schwer« verführt zu solchen Thesen.

Das Gegenteil ist richtig: Der Leitton ist älter als Dur und Moll, ist eher Geburtshelfer als *Zutat* in Moll, und Mollsubdominantklänge in Dur sind für die Bachzeit nicht Bereicherung von etwas ursprünglich schlichtem, sondern Übernahme aus früherer bunter Klangfülle, wie dieses Haßlerbeispiel von 1601 beweist:

Aufgabe:

$$T \mid s^n \; T_3 \mid S_5^6 \; D^{8\,7} \mid T$$
$$T \quad (D^7) \quad s \quad D_3^7 \mid D^{6\,5}_{4\,3} \; T$$
$$T \mid s_5^6 \; D_7 \mid T_3 \; D_5^7 \mid T$$
$$T \mid s_5^6 \; D_5^V \mid T_3$$

HAYDN-MOZART-BEETHOVEN (1770—1810)

Drei typische Beispiele von Johann Stamitz (1717—1757) und seinem Sohn Karl Stamitz (1746—1801) machen die Stilwende um 1750 deutlich.
Johann Stamitz, Sinfonie G-dur

Johann Stamitz, Sinfonie A-dur

Karl Stamitz, Orchester-Quartett C-dur

1. Die Kultur des vierstimmigen Satzes ist zu Ende. Die Melodie, von der Zweitstimme in Terzen begleitet, schwebt über schlichtestem Baßfundament. Die kümmerliche Rolle der Bratsche zwischen diesen Vorgängen verbietet es, hier noch von *Stimme* zu reden. Häufig wird sie mit den Streichbässen in Oktaven geführt (3). Reine Barbarei gar eine anfänglich selbständig geführte, dann überflüssig gewordene Bratschenstimme wie bei (2), die in Oktavparallelen mit dem Cello resigniert, von schüchternen eigenen Ideen wie Takt 7 abgesehen (Siehe auch Haydns frühe Streichquartette!). Wessen Denken von der Sauberkeit stimmigen Tonsatzes bestimmt ist, der kann von solchen Werken nicht respektvoll sprechen.

2. Das Baßfundament beschränkt sich auf die drei Hauptfunktionen. Fiel es bei Bach schwer, Stellen mit schlichtem Funktions-Fundament zu finden, ist es jetzt schwer, Satzanfänge aufzuspüren, die über T, S und D hinausgehen. Daraus ergibt sich erstens, daß vielen Melodietönen wenige Fundamentwechsel und damit wenige Baßtöne gegenüberstehen: Einer von mehreren Gründen für die Leichtigkeit, das Schwebende dieser frühen klassischen Melodik. Und ihre Leichtverständlichkeit, das so unmittelbar Einleuchtende ergibt ebenfalls aus der Simplizität der Themenharmonik. Diese ist identisch in zahllosen Kompositionen der Zeit. Kennt man einige davon, wird man die Erfindung in jeder weiteren einleuchtend und *natürlich* nennen.

3. Die Musik erobert sich mit dieser neuen Satzstruktur ein neues Tempo: *Das Presto*. Fast jeder Ton einer beweglich geführten barocken Baßstimme trug im Continuo-Cembalo einen neuen Akkord, brachte — in heutiger Formulierung — einen Funktionswechsel. Dieser mußte vom Ohr verstanden werden können und das braucht seine Zeit. Die Zahl der Funktionswechsel aber bestimmt das mögliche Tempo einer Melodiestimme.

Im Allegro von Bachs ›5. Brandenburgischen Konzert‹ ist eine Achtelnote zwangsläufig wesentlich langsamer als in den drei Stamitz-Beispielen:

Auch dort, wo bei Bach eine Funktion einen halben Takt regiert, erzwingt der melodische Anspruch von sechs *Personen* ein maßvolles Tempo: Denn was diese sechs Personen mitteilen, hat *Gewicht*. Und erst der Verzicht auf diese Gewichte ermöglichte den neuen Zauber einer schwebend-leichten klassischen Melodie.

4. Wiederholung von Takten oder Taktgruppen spielt eine große Rolle in den drei Stamitz-Beispielen; sie sind darin typisch für die Musik ihrer Zeit. Takt 3 wiederholt Takt 2 in (1), Takt 3—6 ist gleich Takt 7—10 bis auf minimale Abweichungen in (2). Und in Beispiel (3) sind 8 Takte hier abgekürzt notiert: Bratsche und Cello spielen acht Takte lang dasselbe. Vier Takte lang pausiert zu Beginn des Satzes die 2. Violine und die erste spielt die Unterterz unseres Beispiels; sodann erklingen die hier notierten Takte.

In solcher Wiederholungsfreudigkeit zeigt sich zweierlei: Einmal der Mut zur einfachen Lösung, der sich also in der Melodiebildung genauso wie im Akkordmaterial zeigt. Zum anderen liegt darin wiederum ein Hinweis auf das neue lebhafte Tempo: Auch in der melodischen Entwicklung darf gleichsam nicht zuviel Information in zu kurzer Zeit gegeben werden.

Vergleichen wir zwei Melodien und ihre Umgebung.

Mozarts Larghetto-Melodie aus dem Streichquartett KV 589 wird vom Cello in sehr hoher Lage gespielt. Die 2. Geige begleitet, die Bratsche bringt nach Tonika-Orgelpunkt die notwendigen harmonischen Fundamente, die 1. Geige pausiert: Es bedarf keines vierten Ereignisses.

Bachs Aria aus der ›Markus-Passion‹ bringt vier reale Stimmen von beachtlicher Eigenwilligkeit, die zu starken Dissonanzspannungen führt. Man beachte die Tp⁹ und, zwei Achtel später, das kurzfristig gleichzeitige Erklingen von *H—A—G—Fis*. Bach entfaltet ein reiches harmonisches Leben gegenüber nur zwei Stufen bei Mozart.

Mozarts Melodie trägt in sich selbst ihren vollen Sinn. Der harmonische Gang ist in der Melodie selbst deutlich, man kann sie singen und *hat* sie ganz. Bachs Melodie hingegen ist in doppelter Hinsicht angewiesen auf die drei Begleiter. Erst durch diese wird der Ton *D* der Melodie, was er sein soll: Nicht Tonika, sondern Terz der Tp. Und erst durch die Begleitstimmen erhalten die Überbindungen der Melodie ihren Bewegungsimpuls.

Im scheinbar Simplen der klassischen Themenharmonik gilt es, das Kunstgeheimnis des Einfachen zu begreifen. Gibt es bei drei Funktionen nur eine Harmonik von minimaler Interessantheit, bleibt allein wichtig, wann welcher Akkord im formalen Zusammenhang gesetzt ist und wieviele Wechsel stattfinden.

Nochmals das Mozart-Beispiel. (Man beachte die Korrespondenz von harmonischer Disposition und Melodiekurve.)

Zahl der Funktionen pro Takt:	2	1	4	1
Melodiekurve:	Mittlere Lage	Tiefpunkt	Höhepunkt	Abfall zur Mittellage

Weitere Aufschlüsse geben neun achttaktige Hauptthemen aus Violinsonaten von Mozart.

KV 305, 1. Satz	T —				D —— $_3$	T	D^7	T
KV 306, 1. Satz	T —			$S_3 T_5$	S T_3	S	$D_{4\,3}^{6\,5\,7}$	
KV 301, 1. Satz	T —		S	$T_{1\,3} S^6$	D^7	T S	$D^{6\ \ 5}_{4\ \ 3}$	
KV 376, 3. Satz	T D_7	$T_{\overline{3}}$ —— $_1$		D^7	T D_7	$T_{\overline{3}}$ —— $_1$	D^7	
KV 296, 2. Satz	T $\underline{S}$	T		D^7	T $\underline{S}$	T $\cancel{D}_5^7$	$T_3 S^6 D_{4\,3}^{6\,5\,7}$	T D^7 T
KV 377, 2. Satz	t	D_3^7	t	$D_{8\,7}$	t_3	s^6	D^7	t
KV 378, 1. Satz	T	D^7		T	T $\underline{SD}$	T	$D_{4\,3}^{6\,5\,7}$	
KV 380, 1. Satz	T	$\cancel{D}_5^7$	D ——		T_3	S	$D_{4\,3\ 4\,3}^{6\,5\,7\,6\,5\,7}$	T
KV 481, 2. Satz	T D_3^7	T S_3	$T_3 S_5^6$	$D_{4\,3}^{6\,5}$	T D_3^7	T S_3	$T_3 S^6 D_{4\,3}^{6\,5\,7}$	T

1. In sieben der neun Beispiele verdichtet sich das harmonische Geschehen im Nachsatz. Nur in zwei Beispielen haben Vorder- und Nachsatz dieselbe Zahl der harmonischen Stufen. In keinem Beispiel zeigt der Vordersatz größere harmonische Aktivität. Der enge Zusammenhang von Harmonik und Form in der klassischen Musik wird schon in diesen achttaktigen Perioden deutlich.

2. Kadenz ist in klassischer Musik zweierlei: Einmal ist sie Basis der melodischen Erfindung. Aus den wenigen von ihr ermöglichten Fortschreitungen wird die melodische Inspiration unmerklich gelenkt. Für den Hörer unmerklich, glaubt er doch an die ursprünglich melodische Erfindung. Zugleich ist Kadenz das wichtigste Mittel der Schlußbildung. Man sehe nur einmal die gedrängte harmonische Aktivität der Takte 7 aller Beispiele!
T|$D_{8\,7}$ | $T_{3\,1}$ S | $D_{4\,3}^{6\,5}$ | T —— | —— | —— | wäre ein für ein klassisches Thema unvorstellbarer Harmonieverlauf. (Und Mittel der Schlußbildung bleibt die Kadenz auch später noch, wo sie das musikalische Geschehen nicht mehr trägt.)

3. Die Folge S D, der wir zur Bachzeit durchaus begegneten, kommt in klassischer Musik so gut wie nicht vor. Einer schlichten S folgt T oder $D_{4\,3}^{6\,5}$ und einer schlichten D geht S^6 oder S_5^6 voraus.

Die formbildende Rolle der Kadenz

Beobachten wir in Mozarts ›Haffner-Sinfonie‹ KV 385 die formbildende Rolle der Kadenz im ersten Satz. Obwohl dieses großartige Werk nur wenige harmonisch komplizierte Vorgänge enthält, ist die Zahl der Kadenzen (es treten auf die Versionen S^6 D^7 T, S^6_5 D^7 T, s^6_5 D T, S^6_5 D T, T S^6 D T) sehr gering: Nur sechs Subdominante-Dominante-Tonika-Folgen bis zum Beginn der Reprise in Takt 125. Und wo ist dieses Mittel der Schlußbildung und Abschnitt-Gliederung eingesetzt?

Eine erste Kadenz zielt auf Takt 13: Schluß des Themas. Zweiter Einsatz des Themas, kanonische Überlagerung, sich vom Material des Themas befreiende Entwicklung, Halbschluß auf der Dominante. Erneutes Auftauchen des Hauptthemas in Piano-Instrumentation (Haydns Technik, anstelle eines zweiten Themas das erste in veränderter Physiognomie vorzustellen), endgültige Modulation nach A-dur. Erster Schlußgedanke, gebildet aus dem Hauptthema, abgeschlossen mit Kadenz Nr. 2 in Takt 66. Sogleich ein von den Oboen getragener zweiter Schlußgedanke, abgeschlossen mit Kadenz Nr. 3 in Takt 74. Im dritten Schlußgedanken zwei weitere Kadenzen, die allerdings über Tp Sp з ı D T gehen, und endgültiger Schluß dieses Gedankens mit Vollkadenz Nr. 4 in Takt 88. Unmittelbar angeschlossen Kadenzen Nr. 5 und 6: Eine wiederholte Kadenz über Tonika-Orgelpunkt (Takt 90 und 92) zum Abschluß der Exposition. Keine weiteren Kadenzen bis Takt 125.

Also: Die harmonisch komplizierte fließende Entwicklung der Durchführung enthält keine einzige Kadenz. In der Exposition schließt das Hauptthema mit Kadenz und wird dadurch als klar definierte, von ihrer Umgebung abgegrenzte thematische Gestalt bestätigt. Die weiteren fünf Kadenzen finden sich erst im Bremsvorgang der Schlußgruppe und folgen hier dicht und immer dichter aufeinander. Schon bei Mozart also sehen wir die Tendenz zur das musikalische Geschehen gliedernden und beschließenden, nicht aber mehr tragenden Kadenz.

$\tilde{D}^7$

Außerhalb von Sequenzketten fanden wir in der Musik der Bach-Zeit einen *Septakkord auf der 7. Stufe in Dur* nur als Durchgangsbildung. Die Musik der Klassik kennt ihn nun auch als Akkord. Er stellt in derselben Weise eine Mischung der D- und S-Funktion dar, wie der verminderte Septakkord in Moll eine Mischung von D- und s-Funktion. Dementsprechend unsere Zeichengebung:

Noch ist seine Sept ebenso eindeutig Sept (und nicht None) wie die des $\overset{v}{D}$. Erst die Romantik kennt einen Dominantseptnonakkord (siehe Kapitel Schumann), als dessen Verkürzung dann, aber eben noch nicht jetzt, ein Septakkord auf der 7. Stufe aufgefaßt werden *kann*, wenn der Zusammenhang es im Einzelfall nahelegt.

Die Sequenzbildung im folgenden Beispiel (Menuett des Streichquartetts opus 76 Nr. 3 von Haydn) macht die Verwandtschaft von $\overset{v}{D}$ in Moll und D^7 in Dur deutlich.

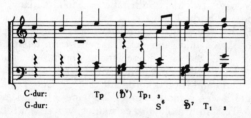

In der Sprache Mozarts ist D^7 ein sehr häufig eingesetzter Akkord.

Hier eine typische Stelle aus dem Dialog Don Giovannis und Leporellos vor dem Standbild des Komturs:

Don Giovanni:

MODULATION

Wenn Modulation erst jetzt abgehandelt wird, so bedarf dies des Kommentars.

Schon jeder barocke Suitensatz modulierte zum Doppelstrich und kehrte im zweiten Teil zur Ausgangstonart zurück. Und im ersten Satz von Bachs ›2. Brandenburgischen Konzert‹ erscheint das Hauptthema im Laufe des Satzes auf allen sechs tragfähigen Stufen der Skala, wobei als Verbindungsweg vorwiegend *Quintfallsequenzen* benutzt werden. Diese wurden im Kapitel Bach-Zeit nur nicht-modulierend vorgestellt.

Modulierende Modelle wären z. B. abwärts: *a d g c f B → Es* oder *a d G C F → B*, sowie aufwärts: *a d G C F h* (verminderter Dreiklang) *E → A* oder *A D G cis* (verminderter Dreiklang) *Fis → H* usw. (Kleiner Buchstabe = Molldreiklang, großer Buchstabe = Durdreiklang).

Bei Bach allerdings begnügen sich die beweglichen Continuo-Bässe und die auf ihnen errichteten Klänge nicht mit den sieben leitereigenen Tönen. In nur fünf Takten (13 –17) der Arie ›Blute nur‹ der *Matthäus-Passion* treten elf Dur- und Mollakkorde auf (H-, C-, Cis-, D-, E-, Fis-, G-, A-dur; h-, e-, a-moll). Angesichts eines so stark angereicherten A-Teils in h-moll wird es sinnlos, von einem folgenden *modulierenden* B-Teil zu sprechen. (Man vergleiche im Kapitel Bach-Zeit den ständig das tonale Zentrum wechselnden Choralsatz auf Seite 37–38). Die Bachsche Technik der Zwischendominanten hält das Geschehen derart im Fluß, daß eine Unterscheidung zwischen Ausweitung *einer* Tonalität und Modulation zu einer *anderen* Tonart, und über sie vielleicht zu einer dritten usw., schwer zu ziehen ist.

Die Simplizität sich auf die Mittel der Kadenz beschränkender Themen der Klassik schafft erst das Hörerbewußtsein für *Tonart* und macht damit einen Tonartwechsel zum bewußt wahrgenommenen Ereignis. Klassische Sonaten und Sinfonien sprechen in thematischen Flächen, Überleitungs- und Entwicklungsabschnitten, sowie Durchführungen drei verschiedene Sprachen. Diese Sprachunterschiede waren im Barock noch nicht so groß und werden auch in der Romantik wieder zunehmend dadurch verdeckt, daß der musikalischen Sprache der schlichte Kadenzraum, als verbraucht empfunden, verlorengeht.

Der in Sonatensätzen dem ersten Thema folgende Abschnitt, der häufig das Material des aufgestellten Themas zunächst wiederholt, sodann entwickelt, abspaltet und auflöst bis hin zu anonymer motorischer Bewegung, die den Einsatz des zweiten Themas vorbereitet, hat die harmonische Aufgabe der Modulation. In Dur heißt das übliche Ziel → D, in Moll → tP.

Diese zielgerichteten Modulationen *hin zu* sehen anders aus als die modulatorische Arbeit der Durchführungen, die man eher als *weg von*, als *vermeiden von* charakterisieren könnte. So verschieden wie die Zwecke sind auch die Techniken.

MODULATIONEN ZUM ZWEITEN THEMA

Den einfachsten, in der Literatur jedoch seltenen Weg geht Haydns ›Kaiser-Quartett‹ opus 76, 3 (Takt 12—13):

C-dur: T   D   D
G-dur: T   D   T

Der dominantische Halbschluß, nach Generalpause wieder aufgenommen, wird neue Tonika bzw. soll sie werden, denn zunächst muß sie durch ihre Dominante stabilisiert, glaubhaft gemacht werden. In fast allen Fällen geschieht dies vorher, indem die $\cancel{D}$ der D vorausgeht, wenn auch nur im kurzen Durchgang, wie in Mozarts ›Jupiter-Sinfonie‹ KV 551 (Takt 35—37):

C-dur: S^7 6 $\cancel{D}^7_3$ D
G-dur: $\cancel{D}^7_3$ T

Besonders zwingend ist für den Hörer der Eintritt der Dominanttonart, wenn die ihr vorausgehende Tonika als T^6 erscheint. Dieses für subdominantische Funktion charkteristische Intervall läßt die T bereits als S^6 der Dominanttonart hören.

Hier als Beispiel Haydns Sinfonie Nr. 104 (Takt 34—36 bzw. Takt 50—53, wenn die Introduktion mitgezählt wird):

D-dur: T^6
A-dur: S^6 T^9_3 8 $\cancel{D}^7_3$ 3

Ähnlich der Gang in Mozarts Klaviersonate B-dur KV 333:

Zur bloßen Bestätigung der D als neue T genügt deren D. Oft aber verweilt die Entwicklung vor Erreichen der Zieltonart auf deren Dominante, die dazu nun wiederum ihre D einsetzt.

Hier die schematische Darstellung:

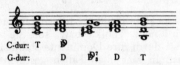

Als Beispiel dazu Mozarts ›Haffner-Sinfonie‹ (Takt 41—48):

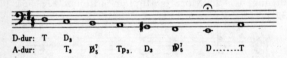

Am häufigsten gehen die Klassiker den modulatorischen Weg über die Tp. Sie ist zugleich Sp der Zieltonart und von hier aus führt ein doppelter Quintfall zum Modulationsziel:

Dazu etliche Versionen. In Haydns Sinfonie Nr. 103 heißt es in den Takten 58—64:

B-dur ist zunächst dominantischer Halbschluß, am Ende neue Tonika. Der vierte Klang scheint, von der Herkunft her gehört, c-moll auf der Terz zu sein. Hat man die ganze Entwicklung vernommen, kann man ihn nachträglich auch als auf *Es* stehende S⁶ zu B-dur auffassen.

Mozart, Linzer Sinfonie KV 425 ab Takt 47:

$$D_3 \ T_3 \ Tp \ \mathbb{D}_3^7 \ D$$
$$D_3^7 \ T \ (D_3^7) \ Sp \ D_3^7 \ T$$

Mozart, Sinfonie Es-Dur KV 543 ab Takt 71:

$$T \ (\mathbb{D}_5^V) \ Tp_3 \ \mathbb{D}_7$$
$$S^6 \ D_7 \ T_3 \ \mathbb{D}_5^7 \ \widehat{D} \ T$$

Auch hier kann der Tp-Sextakkord wieder nachträglich — wenn man weiß, wohin es geht — als S⁶ der Zieltonart gehört werden. Haydn geht originellerweise in seiner Sinfonie 94 (Takt 29 bis 68) denselben Weg über die Tp zweimal und leistet sich dann die Überraschung, statt der erwarteten Durdominante kurzfristig die Mollvariante einzuführen:

$$T \ Tp \ \mathbb{D}^7 \ D \text{---}^? T \ Tp \ \mathbb{D}_3^7$$
$$D_3^7 \ T \ Tp \ S_5^6 \ \mathbb{D}_3^7 \ D \ \mathbb{D}_3^7 \ \widehat{D} \ t! \ D \ T$$

Eine Modulation zur Dominanttonart, die diese mit Hilfe ihrer $\mathbb{D}$ und D sicher ausgebaut und gefestigt hat, kann es sich leisten, nach kurzer Zwischendominante die ehemalige T zu passieren, die jetzt ohne Frage als S der neuen Tonart gehört wird. So Haydn in seiner Sinfonie 102 (Takt 46—58):

$$T \ (D_{5\,1}^7) \ Tp \ (D_5^7) \ Tp_3 \ (D_3^7) \ \mathbb{D}_3^7 \ D \qquad \text{2. Thema}$$
$$\|: \ D_3^7 \ T \ D_5^7 \ T_3 \ :\| \ (D_3^7) \ \overset{!}{S} \ (\mathbb{D}^V) Sp \ \mathbb{D} \ D' \ D \ T$$

Man beobachte die Übernahme dieser Modulationstechnik durch Beethoven etwa in seiner Cellosonate opus 102, 2 (Takt 18—63):

$$T \ D^7 \ Tp \ (D^7) \ Tp \ \mathbb{D}^7 \ D$$
$$Sp \ D^7 \ T$$

In Haydns Sinfonie Nr. 101 drängt es zunächst einmal weg von der schlichten Kadenz, die das Geschehen in den ersten 40 Takten bestimmt hatte. Nach dominantischem Halbschluß setzt das Hauptthema erneut ein und führt sogleich in den Bereich der Sp, die durch ihre Kadenz gefestigt wird, bis endlich über T und Tp der übliche Modulationsweg beschritten wird:

$$\widehat{D}\ (\widehat{D}_3^v)Sp_3\ (s\,D^7)\ Sp\xrightarrow{(D)\,Sp}D_3^7\ \ T\xrightarrow{D^7}T_{87}\ \ Tp_{87}\ \ \mathcal{D}_3^7$$
$$D_3^7\ \ T\ \ S^6\ (\widehat{S}^7)\ D\ldots T$$

An der im vorigen Kapitel dargestellten Charakteristik von Moll als gegenüber Dur sehr viel labilerer Tonalität hat sich in der Klassik nichts geändert. Es muß nicht viel modulatorische Phantasie investiert werden, um von einer t in die tP zu gelangen: Gehört doch deren Dominante, die eine Modulation anzustreben hätte zur Einführung der neuen Tonalität, als dP bereits zum engsten Kadenzbereich.

In Moll-Sonaten und -Sinfonien liegen die Probleme umgekehrt: Schwierig ist nicht der Modulationsvorgang, sondern schwierig ist es, bei Etablierung eines Themas überhaupt in Moll zu bleiben.

Beethovens erstes Thema der Klaviersonate e-moll opus 90 zeigt deutlich genug, was einem in Moll passieren kann: Mit t dP tP ist bereits im vierten Takt erreicht, was man 40 Takte später anstreben sollte, und so muß zunächst einmal zur t zurückmoduliert werden. (Nun ist Beethoven in diesem Satz allerdings nichts *passiert* an Vorwegnahme der Tonalität des 2. Themas, denn er bringt es wie in einigen seiner Mollsätze in der Molldominante h-moll.)

Mozarts *g-moll-Sinfonie* KV 550 hält die Aufstellung des 1. Themas innerhalb der Kadenz und nimmt beim Neubeginn nach dominantischem Halbschluß den direkten Weg:

In seiner a-moll-Klaviersonate KV 310 (Takt 9—22) wählt Mozart den längeren Weg über F-dur, d-moll, A-dur, D-dur, G-dur und wechselt über der erreichten Dominante des Modulationsziels sogar zum c-moll-Quartsextakkord, um dem 2. Thema einen völlig unabgenutzten C-dur-Klang zu gewähren:

a-moll: $t\xrightarrow{D^7}t\ (D_5^7)\ tG\ s$
d-moll: $\qquad\qquad\qquad\ \ t\ D_5^7\ T$
C-dur: $\qquad\qquad\qquad\qquad\qquad\ \mathcal{D}\ D_3^7\ T\ Tp\ S^6\ \mathcal{D}_3^7\ D\xrightarrow{t\,D\,t}D\ldots T$

Auch das a-moll-Thema der Violinsonate opus 47, der ›Kreutzer-Sonate‹ von Beethoven, landet bereits im neunten Takt mit Fermate in der tP. Nach Wiederholung des modulierenden Themas jedoch wird eine große Fläche im Molltonika-Bereich aufgebaut. Der Modulationsweg geht sodann über viele Stufen, Tonarten zwischen einem ♭ und sechs ♯ (d-moll, C-dur, a-moll, G-dur, e-moll, A-dur, H-dur, Fis-dur), läßt aber mit Bedacht aus, was Modulationsziel werden soll: Die Durdominanttonart E-dur:

a-moll: t $(S_3\ D_3^7)$ tP (D_3^7) s D_3^7 d . D^7 d_3

E-dur: t_3 s D D ‖: t $^t D^V$ D :‖ T

Durchführungsmodulation

Der zielgerichtete Modulationsweg zum 2. Thema will überzeugen. Anders die Durchführung: Sie will überraschen.

Sie hat kein Ziel vor Augen, der Komponist eröffnet einen harmonischen Freiraum von erstaunlicher Weite, unbegrenzt. Die Dominante der Haupttonart, über die man schließlich in die Reprise einsteigt, wird erst am Ende gesucht und erreicht; sie steht dem Komponisten keineswegs während der ganzen Durchführung vor Augen.

Kein Harmonielehre-Unterricht hat bisher Durchführungsmodulationen erarbeitet, denn jede Unterrichtsaufgabe lautete: »Moduliere (möglichst schnell) von . . . nach . . .« Die selbstgestellte Aufgabe des Komponisten aber lautete schlicht: »Moduliere! Führe ins Freie und bleibe längere Zeit in einem zentrumslosen Bereich.«

Dabei läßt kaum eine klassische Durchführung den Kunstgriff aus, dem aufmerksamen Hörer wenigstens an einer Stelle den Angstschweiß auf die Stirn zu treiben.

Kunstgriff Nr. 1: Die gleichsam mitkomponierende Vorstellungskraft des Hörers wüßte nach solcher Verirrung so schnell keinen Rat, wie man wieder heimfinden sollte.

Kunstgriff Nr. 2: Unerwartete Wendungen setzen den Hörer außerstande, den harmonischen Gang im Geiste weiter mitzustenografieren: Er wurde überrumpelt, weiß nicht mehr, wo man ist.

Eine Systematik der Überraschungen wäre ein Widerspruch in sich. Hundert Sonaten und Sinfonien führen auf demselben Wege zum 2. Thema, jede gelungene Durchführung aber ist ein Einzelfall. Vielen gemeinsam ist lediglich eine allgemeine Gliederungstendenz:

| Tonart vom Ende der Exposition, in Ruhe ausgebreitet. | Beginn des Modulationsvorgangs. | Zunehmende Beschleunigung. | Undefinierbare Fortschreitungen. | Beruhigung des harmonischen Aktionstempos und zielgerichteter Weg zum D^7 der Haupttonart. |

Um möglichst viele Beispiele besprechen zu können, sei erlaubt, sie nur im Extrakt zu notieren und stichwortartig zu kommentieren.

Mozart, Klaviersonate F-dur, KV 332:

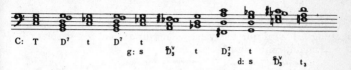

Geschlechtswechsel T t, gemildert durch verbindende gemeinsame Dominante. Sodann einfache Funktionsumdeutungen (t von c-moll funktioniert als s von g-moll usw.).

Mozart, Klaviersonate C-dur, KV 279:

Unvermittelter Geschlechtswechsel als Überraschung am Beginn der Durchführung. Später: Dursextakkord wird umgedeutet zum s^n.

Haydn, Streichquartett opus 74,3:

Geschlechtswechsel: Ein Mollakkord verdurt sich und wird Dominantseptakkord.

Haydn, Streichquartett opus 76,3:

Mehrdeutigkeit eines auf zwei Töne reduzierten Dreiklangs. H und D, Terz und Quinte in G-dur, werden umgedeutet zu Quinte und Sept eines D^7 auf E.

Haydn, Streichquartett opus 74, 3:

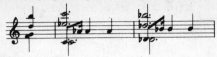

Ähnliches Verfahren: Der Zweiklang *C–Es* (vermutete Ergänzung *G*) wird auf das neue Klangfundament *As* gesetzt.
Haydn, Sinfonie 104:

Geschlechtswechsel E-dur zu e-moll. Dies sodann reduziert auf Zweitonklang *E–G*, ergänzt durch neues Fundament *C*.
Haydn, Sinfonie 103:

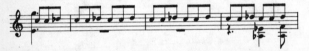

Klangreduktion auf einen Ton, dessen Umdeutbarkeit natürlich größer als die eines Zweiklanges ist. Grundton von C-dur wird Terz von As-dur. Beachte die lange Pause. (Zum Vergessen? Zum gespannt werden?)
Haydn, Sinfonie 102:

Erhebliche Verwirrung! Ebenfalls Klangreduktion auf einen Ton. Dann Unklarheit im 2. Takt. Sequenz? Also *Ais* als Leitton zu *H*? Der 3. Takt zeigt, daß diese Vermutung falsch war: Es handelt sich um einen chromatischen Durchgang. Welche Rolle aber wird der Zielton *C* spielen? Antwort: Terz von *As*. Berichtigung in Takt 4: *C* ist Quinte von f-moll!

Vergleiche die Übernahme dieser Verwirrungstaktik in Beethovens Rondo C-dur für Klavier opus 51, 1:

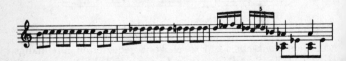

Viele Beispiele einer *Unisono-Modulation* findet man bei Beethoven. Meist führt ein Unisono-Halbtonschritt in die neue Tonalität.

Hier ein Beispiel aus dem Streichquartett opus 18,1. Alle vier Instrumente gehen unisono:

Siehe auch Haydn, Sinfonie 98, Takt 139—142: D-dur, unisono *D—Es*, neue Tonart Es-dur.

Wie unklar der präzise Moment des Tonalitätswechsels ist (der Komponist denkt voraus, der Hörer begreift nachträglich, und was soll man notieren?), belegt die kuriose Notation von Takt 190 in Haydns Sinfonie 101; ein interessanter Flüchtigkeitsfehler:

Alterierte Akkorde

Vor Diskussion weiterer Beispiele ein Wort zu den alterierten Akkorden, die in der Klassik vielfach auftreten. Alterieren heißt verändern. Hochalterieren (Tiefalterieren) meint chromatische Erhöhung (Erniedrigung) eines Tones bei beibehaltener Akkordfunktion.

Die bekanntesten Alterationen sind:

Die alterierten Töne liegen meist in der Außenstimme ihrer Bewegungsrichtung.

Besonders wichtige Alteration: Die Schaffung eines zusätzlichen Leittones beim Wege zur D.

Denkschritte zur *Herstellung* dieses Klanges:

Denkschritte in umgekehrter Richtung zur *Analyse* dieses Klanges:

(Beachte: $S_5^{6<}$ und $\overset{t}{D}_{3>}^{V}$ klingen wie ein Dominantseptakkord).

Enstehen diese Gebilde durch chromatischen Schritt aus der angegebenen Grundform der Akkorde, hört man sie als alterierte Akkorde im Sinne der gegebenen Bezeichnung. Schwierig für den Hörer aber wird es (und fragwürdig wird die Funktionsbezeichnung), wenn der sogenannte alterierte Ton vorher Bestandteil eines alterationslosen Akkords ist.

In Haydns Streichquartett opus 74,3 heißt es Takt 94—96:

Müßte *As,* vorher Grundton von As-dur, im zweiten Akkord *eigentlich A* heißen? Wäre nicht auch *Fis* glaubhaft als Hochalteration von *F*? (Man sollte keine definitiven Entscheidungen herbeiführen, so oder so: Ist doch Doppeldeutigkeit intendiert vom Komponisten einer Durchführung.)

Ähnlich Mozart im Streichquartett KV 464 (Takt 29—33 der Exposition; alle übrigen Beispiele sind Durchführungen entnommen):

Die Mittelstimme bewegt sich zwischen ruhenden Außenstimmen. So wird es schwer, das letzte *C* als alterierten Bestandteil eines eigentlichen *Fis—Ais—Cis—E* zu glauben: $\overset{}{D}_{5>}^{7}$ D

Hier zwei bis auf die Stimmlagen identische Beispiele für den zur Dominante führenden verminderten Septakkord mit zusätzlichem Leitton.

Mozart,
Klaviersonate F-dur, KV 533   Klaviersonate a-moll, KV 310

Ähnlich Haydn, Sinfonie 104, Takt 154—158

Eine andere Alterationsmöglichkeit zeigt die Durchführung von Haydns Sinfonie 103, Takt 136—138. Der Grundton des Dominantseptakkords von Des-dur wird hochalteriert. Es entsteht ein verminderter Septakkord über A, der als $\overset{t}{D}{}^{v}$ nach Es-dur führt. Die Überraschung ist perfekt, weil derselbe Halbtonschritt im Baß zuvor *harmlose* Wechselnote war:

Eine andere Möglichkeit, aus einem D^7-Akkord einen verminderten Septakkord zu gewinnen, zeigt Mozarts Klaviersonate D-dur, KV 576. Hier fallen die drei Oberstimmen und der Baß bleibt liegen.

Sogleich klärt sich die Funktion des entstandenen verminderten Septakkords. Einer der vier Töne schreitet im Halbtonschritt abwärts. Wieder entsteht ein Dominantseptakkord, der sein Ziel e-moll sogleich erreicht:

Harmonischer Extrakt:

Grundsätzliche Erläuterung zum letzten Beispiel: Jeder der vier Töne eines verminderten Septakkords kann Leitton zu einer neuen Tonika sein. Die Notation des korrekt notierenden Komponisten macht bereits das Auflösungsziel lesbar, hörbar (voraushörbar) ist es jedoch noch nicht.

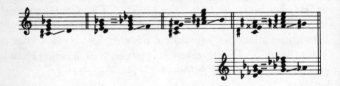

Auch für den Hörer kann das Auflösungsziel deutlich gemacht werden durch den Halbtonschritt einer Stimme, wodurch ein D^7 als funktionell eindeutiger Akkord entsteht:

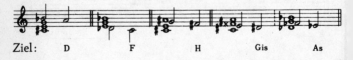

Nun zu weiteren Durchführungstechniken. Hier eine interessante Stelle aus Haydns Streichquartett opus 76, 3 (Takt 61). Alle markierten Verbindungen sind Halbtonschritte, leittönig:

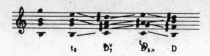

Auch das folgende Beispiel aus Mozarts kleiner zweisätziger Klaviersonate F-dur zeigt dieselbe Tendenz zur *Leittonlegitimation* bei funktionell nur noch mit Mühe faßbaren Folgen:

Natürlich kann die Funktionsbezifferung derartige Aufgaben noch leisten, aber dem musikalischen Sinn, oder *dem, was der Hörer hört*, wird sie kaum mehr gerecht. In der bewältigten Aufgabe der Funktionsbezeichnung lauert die Gefahr der Verharmlosung aufregender Ereignisse. Ein Hörbericht der eben gegebenen Stelle müßte doch etwa so lauten: »Oberstimme: *D.Cis.C! Cis.Nein,Des!C*«.

Irregeführt wird der Hörer auch in Mozarts Klaviersonate F-dur, KV 280. Als *Gis—H—D—F*, zurückbezogen auf A-dur, hört man den verminderten Septakkord. Beim dritten Takt merkt man, daß er umgedeutet wurde zu *H—D—F—As*, auf C-dur bezogen.

In der folgenden Stelle (Mozart, Klaviersonate a-moll, KV 310) folgt auf C-dur ein auf *E* errichteter verminderter Septakkord, der das Ziel (F-dur als Quartsextakkord) aber nicht erreicht, sich vielmehr als bloße Vorhaltbildung im Dominantseptakkord auf *C* entpuppt. Dieser wird anschließend *enharmonisch verwechselt* (*B → Ais*) und das neue Ziel H-dur wird als Dominante von *E* empfunden, da die letzte harmonische Wendung als Einführung einer neuen Dominante gebräuchlich ist.

F-dur: D_1^7 e-moll: $^t\!D_{3>}^v$ D

Die folgenden drei Beispiele aus Klaviersonaten von Mozart, nur im akkordischen Extrakt wiedergegeben, demonstrieren, daß die Chromatisierung, als Leitton-Legitimation der Klangverbindungen, stabile Durdreiklänge umgeht und dieses Material lieber in geschwächter Form als Sextakkord einbezieht. *C–E–G* ist zu stark und sperrt sich dagegen, Element eines fortlaufenden Klangbandes zu werden. *E–G–C* aber *schwebt* in C-dur und funktioniert zugleich als s^n in H-Dur oder h-moll.

D-dur-Sonate, KV 284:

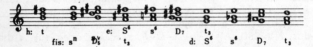

h: t   e: S^6 s^6 D_7 t_3
fis: s^n D_5^v t_3 d: S^6 s^6 D_7 t_3

C-dur-Sonate, KV 309:

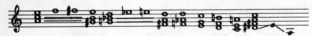

D-dur-Sonate, KV 576:

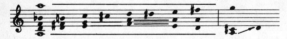

HARMONIK LANGSAMER EINLEITUNGEN

Nicht noch kompliziertere, sondern andersartige harmonische Vorgänge lassen sich bei Introduktionen großer Sinfonien oder Sonaten beobachten. Wird von klassischen Themen das Instrumentarium der Funktionstheorie noch kaum gefordert, gerät bei klassischen Durchführungen die funktionelle Deutung vielfach schon an die Grenze ihrer Kompetenz, so darf sie sich als für Introduktionsteile in besonderem Maße zuständig erklären. Der Hörer einer spätklassischen Introduktion nähert sich einem Gebäude von eindrucksvoller Weiträumigkeit; viele Türen werden ihm geöffnet und keine wieder verschlossen. Ein Versprechen; eine Verlockung, aber noch keine Erfüllung. Hinweis auf Gewicht und Format kommender Ereignisse.

Wie immer man versuchen mag, den besonderen Charakter einer Introduktion in Worte zu fassen, zugrunde liegt dies: Es wird die unantastbare Herrschaft eines Zentraltones begründet. Dabei erwächst der Eindruck der Weite des von ihm beherrschten Bereiches vor allem aus seiner Verfügungsgewalt über Dur und Moll. Er ist T und t, beherrscht somit Tp Sp Dp ebenso wie tP sP dP und läßt diese Funktionen wiederum in Dur- und Mollversion zu. Stets aber wird doch der Grundton des Werkes als unangefochtenes, nur bis an die Grenzen der Zentripetalkraft ausgeweitetes Zentrum empfunden.

Diesen Höreindruck ermöglicht der Komponist, indem er mehrfach die unmittelbare Nähe der T (oder t) passiert und ihre Herrschergewalt damit anerkennt. Der Kunstgriff aber besteht darin, daß sie selbst nicht wieder erklingt bis hin zum endlichen Halbschluß auf der Dominante. Kunst der Neben- und Umwege, der Orgelpunkte, der Halbschlüsse und Trugschlüsse, der niemals abkadenzierenden Kadenzverläufe.

Hier benötigt die Funktionsbezeichnung, von Wilhelm Maler in dieser Form vervollkommnet, ihr volles Instrumentarium:

(sG = *Mollsubdominantdurgegenklang* oder *Durgegenklang der Mollsubdominante*; umständliche Worte bei einprägsamer Bezeichnung. Am besten spricht man deshalb auch wie man schreibt: *klein s groß G*.)

Hier der harmonische Gang der Introduktion in Mozarts ›Linzer Sinfonie‹, C-dur, KV 425:

$T^6 \mid D_3 \mid (D_7) \mid S_3 \mid T_5 \mid S^6 \mid T_3 \, t_3 \mid \mathcal{D}^7 \mid D^7 \mid \overset{*}{(D.^7)} \mid s \mid$
$sG \mid D_3^7 \mid \overset{*}{t} \, D \mid \overset{*}{t} G \mid D_{1\,3}^7 T \, t \mid D_{1\,3}^7 T \, t \mid D \, \overset{t}{\mathcal{D}}^V \mid D \parallel$

*) An diesen Stellen wird besonders deutlich, wie die T umgangen wird, aber doch in ihrem Herrschaftsanspruch unangefochten bleibt.

Eine andere Möglichkeit: Haydn, Sinfonie B-dur, Nr. 102: Die Tonart wird exponiert. Sie öffnet sich zunächst zur Dominante. Sodann weitere Öffnung eines der t untertanen Reiches:

$\widehat{T \mathbin{\!\!\mid\!\!} S} \mid D_3^7\ T \mid S_3 \mid D_{43}^{65} \parallel \widehat{T} \parallel (D_{5\,3}^{7}{\mathbin{\!\!\mid\!\!}}_1) T p\ \mathbb{D}^7 \mid D \parallel$

$t \mid D_3^7 \mid (S_3 \mathbb{D}_5^7 \mid D) \mid tP_5 \mid D_7^{9>8} \mid {}^t\mathbb{D}^v \mid : D_{43}^{65} : \mid D$

(tP = von b-moll die Durparallele = Des-dur.)

Viele Introduktionen von Dur-Sinfonien beginnen gleich in Moll, womit es gelingt, die T bis zum Beginn des schnellen Satzes aufzusparen.

Man beobachte dies z. B. in der Haydn-Sinfonie D-dur, Nr. 101:

$t\mathbin{\!\!\mid\!\!} s \mid \mathbb{D}_3^7 \mid \widehat{D} \mathbin{\!\!\mid\!\!\mid\!\!} {}^t\mathbb{D}_3^v \mid D_3^{65} (\tilde{D}_3^v) \mid S (D_5^7 \mid T^{43}\ {}^t\mathbb{D}_3^v \mid$ ※

$D_{43}^{7}) \mid tP \mid D^7 \mid t \mid D^7 \mathbin{\!\!\mid\!\!} t \mid D^7 \mid t_3 (\tilde{D}^v) \mid S\ \mathbb{D}^v \mid D \mid \mathbb{D}_{3>}^v \mid D \mathbin{\!\!\mid\!\!} \parallel$

*) Dieses T ist nicht die Tonika D-dur: Die ganze Klammer bezieht sich auf den der Klammer folgenden Klang tP = F-dur. Das T in der Klammer ist also Tonika bezogen auf F-dur.

└──── ┘ = Diesen ganzen Abschnitt könnte man auch bezeichnen $(D_3^7) tP^{43} ({}^t\mathbb{D}_3^v\ D_{43}^{65})\ tP$, doch scheint mir *eine* Klammer für *einen* tonalen Bezug sinnvoller.

Aufgaben: Aus der gegebenen Darstellung klassischer Harmonik ergibt sich die Sinnlosigkeit von Tonsatzaufgaben zu diesem Kapitel. Themenmelodik und Durchführungsharmonik (besser: Durchführungstechnik, wobei es mehr um das *Wie* der Übergänge als um bloße Stufenfolge geht) sind individuelle künstlerische Leistungen. Sie nachkomponieren zu wollen wäre vermessen und der Nutzwert von Stilkopien gering.

Von größtem Nutzen und erheblichem Reiz hingegen ist die harmonische Analyse klassischer Werke, wenn dabei der formale Aspekt ständig mitberücksichtigt wird. Analyse sollte im Hinblick auf die gegebene Darstellung des Stoffes geschehen: Als ihre Bestätigung, ihre Ergänzung (weitere Modulationsverfahren entdecken) oder kritische Korrektur. Komplette Funktionsbezeichnung für einen ganzen Satz ist Stumpfsinn und trotz allen Fleißes Faulheit des Denkens. Man beantworte sich vielmehr selbst folgende Fragen:

Wie stabil ist das erste Thema in seiner Harmonik?

Ist die Modulation zum zweiten Thema zielgerichtet, geht sie Umwege oder trägt sie bereits Züge einer *Durchführungsverwirrung*?

Dominiert in der Exposition wie zu erwarten die D und an zweiter Stelle die T (denn 2. Thema und Schlußgruppe sind ja von der D bestimmt) oder ist die Rangordnung durch modulatorische Einschübe weniger eindeutig?

Gibt es in der Durchführung Ruheflächen? Wenn ja, wo (vermutlich Anfang und Ende).

Wie entwickelt sich in der Durchführung das harmonische Aktionstempo?

Welche der Wege sind funktionell eindeutig, welche leittönig legitimiert usw.?

Die Funktionsbezeichnung soll sowohl einzelne Akkorde erklären als auch und vor allem sämtliche Schritte. Dazu als Beispiel Takt 9—15 aus dem 1. Satz der Klaviersonate cis-moll, opus 27, 2 von Beethoven:

Die hier gegebene Bezeichnung erklärt sämtliche Akkorde, läßt aber die beiden entscheidenden Schritte undiskutiert. Wie behutsam oder wie ruckartig wird denn aus dem cis-moll-Bereich in den C-dur- und schließlich h-moll-Bereich umgestiegen? Antwort: Der 2. Akkord sei in der C-Tonalität bereits als Tg bezeichnet und der 4. Akkord im h-System bereits als sG, so daß an diesen Nahtstellen jeweils alte und neue Bezeichnung eines Akkordes gegeben werden.

Lediglich bei *Harmonik langsamer Einleitungen* ist die Erfindung eigener Modulationswege sinnvoll. Als Aufgabe sollte man hier nur die Taktzahl geben. Eine Introduktion von 5 Takten nimmt einen anderen Verlauf als eine von 30, die schon äußerstes Raffinement der Disposition fordert. (Man muß ja auch rechtzeitig und sicher im D^7 ankommen.)

Wer dazu in der Lage ist, mag versuchen, Introduktionen *im Klavierauszug* zu entwerfen, also durchaus nicht im *strengen* Satz vierstimmig. Andere Möglichkeit: Ober- und Baßstimme notieren, wobei die Oberstimme auch zu zwei sich abwechselnden Stimmen werden kann.

Man wird bemerken, daß die Phantasie andere Wege geht, wenn man einmal erst den Funktionsgang festlegt, ein anderes Mal im Klavierauszug beginnt und Stück für Stück in der Funktionsbezeichnung nachnotiert, was in Noten an Wegen ausgedacht wurde.

SCHUBERT-BEETHOVEN (1800—1828)

TERZVERWANDTSCHAFT

Die Verwendung des Begriffs »Mediante« für *in der Mitte* (der Quintdistanz) stehende Klänge ist nicht einheitlich. Man meint entweder sämtliche Terzverwandten, also zu C-dur: A-dur/moll, As-dur/moll, Es-dur/moll und E-dur/moll, oder man unterscheidet zwischen *Parallelklängen* (zu T: Tp und Tg; zu t: tP und tG) und *Medianten*, und meint damit nur diejenigen Terzverwandten, die nicht Parallelklänge sind.

Ich schlage vor, den Terminus Mediante zu umgehen und den Verwandtschaftsgrad präzis anzugeben.

    1. *Parallelklänge.* 2 Töne gemeinsam. Zu T (C-dur), Tp (a-moll) und Tg (e-moll); zu t (c-moll), tP (Es-dur) und tG (As-dur).

    2. *Parallelklänge der Variante* (Die Bezeichnung Variante für den Klang anderen Geschlechts auf demselben Grundton stammt von Riemann). 1 Ton gemeinsam. Zu T (C-dur) die Parallelen von t (c-moll); zu t (c-moll) die Parallelen von T (C-dur).

    3. *Varianten der Parallelklänge.* 1 Ton gemeinsam. Zu T (C-dur) die verdurten Parallelen TP (A-dur) und TG (E-dur); zu t (c-moll) die vermollten Parallelen tp (es-moll) und tg (as-moll).

    4. *Varianten der Parallelklänge der Variante.* Kein Ton gemeinsam. Zu T (C-dur) die Varianten der Parallelklänge von t (c-moll): tp (es-moll) und tg (as-moll); zu t (c-moll) die Varianten der Parallelklänge von T (C-dur): TP (A-dur) und TG (E-dur).

Quintverwandtschaft — Terzverwandtschaft: Die Ähnlichkeit dieser allgemein gebräuchlichen Bezeichnungen läßt glauben, es handle sich auch bei Terzbeziehungen um gleichsam anonymes, allgemein verfügbares harmonisches Baumaterial. Erstens aber bleiben Terzbeziehungen auch in der Romantik sehr viel seltener als dominantische Verbindungen, bleiben also etwas Besonderes, und zweitens überwiegen im Einsatz terzverwandter Akkorde die individuellen Züge einzelner Komponisten, unterschiedlicher kompositorischer Situationen. Eine D-T-Folge verwendet man; eine terzverwandte Akkordfolge erfindet man.

Schon im Barock ließen sich gewisse individuelle Züge der Verwendung harmonischen Materials feststellen. (Vielzahl der Quintfall-Sequenzen bei Vivaldi, S-T-Kadenzen bei Händel, Zwischendominanten als Bachsche Spezialität). Jetzt genügt es nicht mehr, nur von individueller Materialverwendung zu sprechen. Die Harmonik, einst nur Handwerkszeug, wird allmählich — und später immer mehr — ein Bereich der Inspiration, wird Gegenstand der Erfindung. Es wäre deshalb sinnwidrig, einzelne Akkordfolgen als bloßes Material durchzunehmen; die vielfältigen Möglichkeiten müssen in konkreten kompositorischen Situationen beobachtet werden.

1. *Die große Entfernung:* Die Durchführung der ›Haffner-Sinfonie‹ Mozarts, D-dur, KV 385, beginnt in A-dur, wendet sich über ausgehaltenem A der Bässe nach D-dur und verweilt nach zehn Takten im halbschlüssigen A-dur-Dreiklang. Pause. Doppelte Überraschung beim Neueinsatz. Erstens: Forte-Tutti nach dem vorangehenden Piano. Zweitens: Fis-dur.

Fis bleibt Zentrum der weiteren Durchführung, die schließlich im mehrfachen Quintfall über H, E und A in die D-dur-Reprise mündet. A—Fis ist hier nicht Terzverwandtschaft, im Gegenteil. Der der erwarteten Tonikaterz Fis angehängte neue Klang Fis-dur ist Überraschung, Ferne, Abwendung.

2. *Strukturbedingte Terzverwandtschaft:* Die 21 Jahre später (1803) entstandene Klaviersonate G-dur, op. 31, 1 von Beethoven zeigt eine veränderte Situation. Erster Satz: Verzierter Lauf der G-dur-Tonleiter abwärts. Rhythmisierte Tonikaschläge. Die Schlußkadenz des Themas moduliert bereits in der bekannten Art einer *Tp-Modulation zum 2. Thema* in die Dominanttonart:

G: T   Tp
D: Sp D $^{6\,5}_{4\,3}$ T

Takt 12: Überraschende Wiederholung des Themas in F-dur. Doppelsubdominante § von G-dur oder, in der momentanen Situation D-dur → F-dur: *Parallelklang der Variante.* Schluß des exakt wiederholten Themas in der Dominanttonart von F-dur, in C-dur. Angehängt nochmals die abgespaltenen Modulationstakte, die jetzt von C-dur zur neuen Tonika G-dur führen. Unisono-Laufwerk, gewonnen aus dem verzierten Tonleiterlauf, bestätigt G-dur und endet im dominantischen Halbschluß Takt 45. Erneuter Einsatz des Themas in G-dur, aber die Modulation geht einen anderen, gleich schnellen aber weiteren Weg:

G-dur   T   Tp
H-dur/moll   s D, s3 $\cancel{D}^7_5$ D

Unklar bleibt, ob H-dur oder h-moll vorbereitet wird. Tatsächlich kommt das zweite Thema in Takt 66 in H-dur und wird sogleich in h-moll wiederholt. Ähnlich die Schlußgruppe: Erst h-moll, dann H-dur, abschließend nochmals h-moll.

Ich halte das F-dur nach D-dur in Takt 12 für *entfernt*, überraschend in der Weise des Haffnersinfonie-Beispiels. Was aber bedeutet das H-dur des 2. Themas in dieser G-dur-Sonate? Ferne oder Nähe? Frage, wohin Beethoven hätte modulieren sollen ab Takt 52, nachdem bereits das 1. Thema in G-dur, D-dur, F-dur und C-dur kadenziert hat. Der Reiz des Neuen dürfte für die Dominanttonart D-dur damit verschenkt sein, und es bedarf schon eines weiteren Weges, um dem Hörer das Gefühl einer neuen Klanglandschaft des 2. Themas entstehen zu lassen.

Antwort also: H-dur/moll ist ein Verwandter der Tonart F-C-G-D-dur. Die Position des 2. Themas ist die Konsequenz des Eindringens modulatorischer Kräfte ins 1. Thema. G-dur – H-dur ist hier Verwandtschaft, ist strukturbedingte Terzverwandschaft.

3. *Farbwechsel eines Zentraltons* (*Melodie eines Liegetons*): Schubert, Streichquintett C-dur, op. 163, erster Satz. Die Überleitung zum 2. Thema endet mit Tutti-Akkordschlägen in Takt 57/58 mit D $\overset{Dv}{\cancel{D}}$ D. Vom Bratschenpizzikato harmonisch getragen – die Geigen beschränken sich auf die Akkordeinwürfe der leichten Zählzeiten – singt das erste Cello, vom Legatoband des zweiten vorwiegend in Terzen und Sexten begleitet, in hoher Lage eine merkwürdig engräumige, dieselben Töne immer wieder einsetzende Melodie, die anschließend von der 1. Geige wiederholt wird. Erstaunliche Dominanz des Tones G.

G ist in den Takten 58 bis 81 (24 Takte) Melodieton für – zählt man die einzelnen Werte zusammen – 56 Viertel; das wären aneinandergefügt 14 Takte, mehr als die Hälfte der gesamten Melodie. Und diese so bewegungsarme, derart an einen Zentralton gekettete Melodie ist doch für viele Kammermusikfreunde Inbegriff von Melodie, von Weiträumigkeit und Tiefe des Ausdrucks. Niemand empfindet die Enge des Tonraums, niemand eine Abnutzung des Zentraltons; warum? – *G* ist in Takt 58 Oktav von G-dur und wird in Takt 60 Terz von Es-dur. In Takt 65 ist *G* wieder Oktav von G-dur, das über f-moll erreicht wurde als dominantischer Halbschluß der

Paralleltonart c-moll. Wieder ist G Terz von Es-dur in den Takten 66 bis 70 und wird in Takt 71 Quinte von C-dur. Modulation zur Dominante dieser Tonart: In Takt 79 ist G-dur erreicht. Wie zu Beginn: Takt 81 G als Terz von Es-dur.

Harmonisches Schema der Stelle:

Alle Klangverwandlungen unter liegendem G sind Terzverwandlungen; die einfache D-T-Beziehung (G-C-dur) wurde nicht eingesetzt. G als Zentrum der Melodie wird immer neu belichtet. Ein Liegeton. In ihm erhebt sich die Melodie zur Quinte (von C), erreicht das sichere Fundament (G-dur) und schwebt zur sensiblen Terz (von Es-dur): Melodische Bewegung ohne Weg. Das sich verwandelnde Klangfundament schafft den Eindruck melodischer Weiträumigkeit, ja wird selbst als melodisches Ereignis empfunden.

4. *Ausbruch* und 5. *Tonika mit erweitertem Blickfeld:* Zweimal Es-dur — Ces-dur in der Exposition des letzten Satzes der 4. Sinfonie des neunzehnjährigen Franz Schubert. Tonart c-moll.

Vier Einleitungstakte. Dann ein nicht weit von Haydn entferntes sechzehntaktiges Allegrothema. Schlichte Harmonik, sⁿ D tG als stärkstes Ereignis. Wiederholung mit Modulation zur tP Es-dur. Gefällige Anschlußmelodie ab Takt 33, Rückkehr zum ersten Thema, wieder in c-moll. (Wie so oft bei Schubert: Thema als in sich geschlossenes A-B-A-Lied.) Ende der melodischen Ereignisse Takt 63, Überleitungs- und Modulationsteil (♭ᵛ mehrfach als Modulationsmittel). Zweites Thema ab Takt 85. Harmonisch stufenreicher als das erste, doch auch hier keine ungewöhnlichen Mittel. Schlußgruppe Takt 129, deutlich auf das erste Thema bezogen (♩ ♫). Simpler wiederholter Viertakter T T D D in Es-dur. Und dann beim dritten Ansatz die Katastrophe: Ohne Vorwarnung wird der Hörer ins entfernte Ces-dur geschleudert. Ausbruch, harmonisch nicht vorbereitet. Ermöglicht, legitimiert wohl durch die angewachsene Kraft der während des ganzen Satzes mindestens in einer Stimme ununterbrochenen Achtelmotorik.

Daraufhin gesteigerte harmonische Aktivität. Chromatische Aufstiegs-Modulation mittels folgender Sequenz:

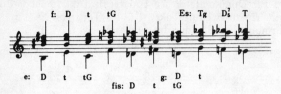

Im wieder erreichten Es-dur, 30 Takte vor Schluß der Exposition, eine erste Kadenz der Befestigung des erreichten Ziels; die Schlußfunktion dem Hörer verdeutlicht durch die Bläser, die ihre bisherige Beteiligung am melodischen Geschehen beenden und nur noch die Taktschwerpunkte markieren:

Auch hier wieder Es/Ces-dur, aber wohl nicht als Ausbruch aus Es-dur, sondern, errichtet auf dem Fundament Es, als ein die Basis Es bereichernder, nicht mehr gefährdender Klang. Das Zentrum Es wird bestätigt und es wird zugleich resümierend an frühere harmonisch bedeutsame Ereignisse erinnert.

6. *Klangreiz*: Beethoven, Klaviersonate Es-dur, op. 27 Nr. 1, erster Satz. Dreiteilige Liedform. Der A-Teil wiederum gegliedert in viertaktige Melodien, die wörtlich oder variiert wiederholt werden: |: A1 :|: A2 :|: A3 :|: A4 :|: A1 :|: A2 :|

                                                   Wiederholung
                                                   jeweils variiert.

Verbindendes Element: Die Tonwiederholung in Vierteln zu Beginn des ersten Taktes:

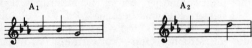

A3 führt den Auftakt ein und verlängert die Tonwiederholung:

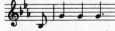

Beides wird von A4 übernommen, während der Klangraum über den Verbindungston G — Terz der alten und Quint der neuen Tonart — eine neue Farbe gewinnt: C-dur, die Variante der Parallele:

Die schlichte harmonische Weiterführung sollte uns aber nicht zu einer das Erstaunliche der Stelle simplifizierenden Interpretation *C-dur als Zwischendominante* verleiten:

C-dur ist vorerst durchaus Tonika im Sinne eines in sich ruhenden, nicht strebenden, nicht auf andere Klänge bezogenen Klanges. Diese Auffassung wird übrigens auch durch die Auftakt-Entsprechung mit Abschnitt A3 unterstützt:

Der Eintritt dieses C-dur ist atemberaubend. Keine Funktionsbezeichnung, weder T TP noch T (D) Sp verrät das Erstaunliche dieser Stelle. Da ist einmal der Lagenwechsel. Helles C-dur nach der tiefen Lage des Abschnitts A3. Zum andern, und dies vor allem: Man versuche nur einmal, den melodischen Anschluß zu singen:

Die Stelle ist melodisch so komponiert, daß für den vorausdenkenden Hörer E wirklich unvorstellbar, unvorhersehbar ist und der C-dur-Klang dadurch faszinierend, auch beim wiederholten Hören. Ein Ereignis von hohem Klangreiz.

7. *Schuberts harmonische Kreisbewegung:* Beethovens Largo e mesto aus der Klaviersonate D-dur, op. 10 Nr. 3, kommt bis zum Beginn der großen Coda mit der engeren Umgebung der Tonart d-moll aus. Modulation zur dP C-dur Takt 13, zur d a-moll Takt 21. Einsatz in der tP F-dur Takt 30, Rückmodulation zur Tonika Takt 44 und deren Bestätigung Takt 60 nach kurzer Ausweichung zum tG B-dur Takt 56.

Und nun öffnet sich zu Beginn der 23taktigen Codaentwicklung ein weiter harmonischer Raum. Tiefste Position im Quintenzirkel und zugleich tiefster Ton des Satzes in Takt 67. Hier der Extrakt des harmonischen Geschehens:

Beethoven notiert im 4. Takt dieser Stelle im Sinne der Stimmführung *Fis* statt *Ges*, obwohl er in der Sequenz des folgenden Taktes die funktionell richtige Notation wählt. (*As*, nicht *Gis*.) Bei $\text{D}^{\text{v}}\ \text{D}^{6\ 5}_{4\ 3}\ \text{T}$ Wendungen, bei denen die 7 ihrer fallenden Tendenz entgegen nach oben gezwungen wird, in die D^6, entscheiden sich die Komponisten häufig (aber nicht einheitlich oder systematisch) für Stimmführungsnotation.

Den Höreindruck des Herabsinkens in äußerste Tiefe und eines mühsamen Wiederaufstiegs vermittelt der Komponist, indem er die Ordnung der Tonarten als gerade Linie begreift, als Linie mit Endpunkten, nicht als einen Quintenzirkel, den man im Kreise durchlaufen könnte: Über es-moll hinaus ist kein weiteres Herabfallen vorstellbar, und A-dur, die höchste Position dieses Satzes, ist von hier aus weit entfernt.

Entfernt sich der Klassiker nur in Durchführungsmodulationen aus dieser linearen Tonarten-Organisation, die eine Tonika als Mitte bestätigt (*stabile Gleichgewichtslage*), so dringt bei Schubert eine Tendenz zur *indifferenten Gleichgewichtslage* in alle Formabschnitte vor, wobei dies persönliche Handschrift und nicht Sprache der Zeit ist. Der Quintenzirkel wird fallend unter Verwendung weitreichender harmonischer Schritte durchmessen. Die Tonika wird fallend verlassen und fallend wieder erreicht.

Klaviertrio Es-dur, op. 100, erster Satz:

Durdominante → Molltonika (2♭ → 6♭). Im erreichten Gebiet wird ein Durakkord aufgesucht (6♭ = 6♯), der wiederum als Dominante zu einer Molltonika führt (2♯). Wieder wird im erreichten Gebiet ein Durklang eingesetzt und sogleich vermollt (1♯ → 2♭).

Was ist geschehen? Keine Modulation zu einem Ziel. Der Tonikabereich ist für eine Weile geschont worden, dadurch aufgefrischt. Dies wäre früher erreicht worden durch vorübergehenden Aufenthalt in der Nachbarschaft, etwa im Parallelbereich. Die entscheidende Neuerung liegt darin, daß ein solches Verweilen im Parallelbereich die Herrschaft der T nicht angefochten, die Zentripetalkraft der Kadenz nicht geschwächt, sondern eher gerade bestätigt hätte.

Bei Schuberts Kreisbewegung ereignet sich das Gegenteil. Es-dur, zu Beginn des Satzes im Hauptthema die starke Tonika wie seit 70 Jahren, seit den schlicht kadenzierenden Themen der Frühklassik. Und nun ab Takt 66 Es-dur als ein reizvoller neuer *geschenkter* Klang, jetzt überhaupt erst als Klangwert, schwebend und ohne die altmodische, abgedroschene Tonikastabilität. Schon in dieser so wohlklingenden und dem vordergründigen Ohr eindeutig tonal gesichert erscheinenden Musik Schuberts ereignet sich als sanfte Revolution ein erstes Infragestellen der Tonika als Funktionszentrum.

Ein etwas schematisches Beispiel für dieselbe Technik aus dem 1. Satz der 4. Sinfonie Schuberts, Takt 85—105:

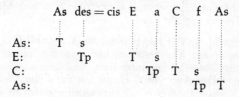

Verwandtes Sequenzmodell:

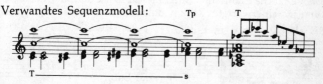

Schubert, Streichquintett C-dur, op. 163, erster Satz, Takt 228 bis 251. Hier wird von H-dur aus der Zirkel anderthalb Mal durchmessen und zur Vorbereitung der Reprise G-dur als D^7 erreicht.

$\underline{H}$: T S $D^{\substack{7\\6\\5\\4\,3}}$ T t   As umnotiert zu Gis

  $\underline{D}$: Tp S $D^{\substack{7\\6\,5\\4\,3}}$ T t D t

    $\underline{F}$: Tp D T t

     $\underline{As}$: Tp D T t

       $\underline{E}$: Dp T t D t

         $\underline{C}$: Tg D^7

Fünfmal wird dabei eine Durtonika vermollt, so daß die großen Abwärts-Schritte (T t = 3 Stufen) innerhalb der tonalen Gruppen liegen und die Tonalitätswechsel in kleinsten Schritten vor sich gehen können (t h-moll ist Tp von D-dur).

In Schuberts Klavierquintett A-dur, op. 114, ist die Durchführung des ersten Satzes ein einziges Herabsinken, wobei auf den durchwanderten Stufen kurze Melodieflächen eingeräumt werden: Ende der Exposition E-dur, Beginn der Durchführung im Gegenklang der Variante, C-dur. Takt 147 C-dur (o♭), Takt 161 c-moll (3♭), Takt 164 Es-dur (3♭), hier längeres Verweilen (Tritonustonart zur T A-dur). Takt 185 f-moll (4♭), Takt 189 As-dur (4♭), Takt 193 Ces-dur (7♭), umnotiert als H-dur (5♯). Takt 196 e-moll (1♯), Takt 197 C-dur (o♯), Takt 199 f-moll (4♭), Takt 200 Des-dur (5♭), umnotiert als Cis-dur (7♯). Takt 202 fis-moll (3♯), Takt 203 A-dur (3♯). Takt 210 Reprisenbeginn wie häufig bei Schubert in der Subdominante D-dur. (Erreicht wird dadurch, daß die T nicht die ganze Reprise hindurch abgenutzt, sondern erst in der Modulation zum 2. Thema erreicht wird.)

8. *Trugschluß:* Als ungewöhnliche Art eines Trugschlusses von besonderem Klangreiz möchte man die Terzrückung in den Takten 104—110 im ersten Satz desselben Klavierquintetts bezeichnen. Der Aufstieg *A H His Cis* der Cellostimme retardiert im Klavier zu *A H His*, welches sich sogleich als *C* erklärt. Das plötzliche Pianissimo unterstreicht den Charakter der Rückung ins Unerwartete. Rückmodulation über den Klang *C E G Ais* als $^{t}D^{v}_{3} > D^{65}_{43}$ in E-dur:

LEITTONVERWANDTSCHAFT

Als Modulationsmittel klassischer Durchführungen ist Beethovens *Leittonmodulation* bereits behandelt worden. Zahlreiche Stellen seiner späteren Werke lassen bei leittönigen Verbindungen jedoch eine andere kompositorische Absicht vermuten. Es handelt sich nicht mehr nur um Durchführungsabschnitte, sondern um Vorstellungen von Themen, und man hört aus diesen Stellen eher einen erweiterten Raum, nicht Verlassen eines Raumes heraus.

Zu Beginn des Streichquartetts e-moll, op. 59,2, wird das Thema nach t D₈ Akkordschlägen, durch Generalpausen getrennt, in zwei verschiedenen Beleuchtungen vorgestellt. Hier von t und Rückung nach sG zu sprechen, wäre wohl verfehlt. Denn dieses F ist nicht als Vertreter eines A auf E bezogen, sondern *liegt einfach nahe*. Chromatische Erhöhung einer Tonika. Man bemerke, wie sich diese steigende Tendenz im Fis des Bratscheneinsatzes logisch fortsetzt.

Im Streichquartett f-moll, op. 95, setzt das Cello nach dominantischem Halbschluß Takt 5 und Generalpause mit dem Thema im gleichfalls um einen Halbton angehobenen Ges-dur ein. Und der dritte thematische Ansatz ab Takt 18, wieder in f-moll, bringt als Resümee der Ereignisse die erhöhte Tonika (wie im vorigen Beispiel) nach beiden Seiten hin leittönig verbunden:

Mehrfach taucht dasselbe Verfahren in der weiteren Entwicklung des Satzes wieder auf. So wird das A-dur-Unisono der Takte 38—39 mit naheliegendem *As-A* herbeigeführt und mit *D-Es* verlassen:

Im ersten Satz der ›9. Sinfonie‹ wird in der Reprise die Tonikastufe D kurzzeitig angehoben.

Wenige Takte später die Unisono-Rückkehr:

CHROMATISCHE TON-FÜR-TON-KLANGVERWANDLUNG

Nochmals ein Blick in bereits unter dem Gesichtspunkt der Terzverwandtschaft studierte Partituren Schuberts. Klaviertrio Es-dur, op. 100, erster Satz, Takt 106—112:

Nach dominantischer Bestätigung der Tonart Ges-dur wird der Grundton chromatisch angehoben. Verminderter Dreiklang. Es handelt sich aber nicht um eine Durchgangschromatik in der Art ![Notenbeispiel], sondern in der Folge wird nun auch die Quinte chromatisch erhöht. Verbindendes Element dieser in ihrer Entwicklung durchaus nicht vorhersehbaren Klangverwandlung ist der Ton *B*; die Durterz von *Ges* wird Mollterz von *G*.

Letzter Satz desselben Werkes, Takt 666—679. Eine simple aus dem Hauptthema abgeleitete achttaktige Melodie erfährt in ihrer Fortführung eine unerwartete Verzauberung. Interessant in der Melodie selbst ist der Wechsel zur D₃ an der »falschen Stelle«, auf leichter Zeit:

C, kleine Sext in e-moll (Terz der s), wird unerwartet durch chromatisches Absinken des Fundaments große Sext über *Es*. Auch hier wiederum *G*, die Terz, als Zentrum der Klangverwandlung. (Übrigens ist die e-moll-Melodie so simpel nicht, wenn man ihre Vorbereitung bedenkt: Eine Unisono-Modulation hatte die Tonika *Es* in Takt 661 auf die Basis *E* angehoben. Die Melodie durchmißt also einen reizvollen neuen

Klangraum erstmalig, und das anschließende unerwartete Absinken des Fundaments stellt die ursprüngliche Basis *Es* wieder her.)

Hier nur der kurze Hinweis auf weitere Stellen, die man in den Partituren studieren sollte: Streichquintett C-dur, op. 163, 2. Satz, Takt 47–48:

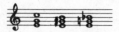

Klavierquintett A-dur, op. 114, 2. Satz, Takt 80–84:

Studierenswert auch der Beginn der Szene in der *Furchtbaren Waldschlucht* im ›Freischütz‹ von Carl Maria von Weber:

Aufgaben: Terzverwandtschaft wurde in diesem Abschnitt nicht als anonymes Klangmaterial behandelt, das nach allgemein gültigem Reglement (etwa: *Auflösungsregeln beim D^7*) von jedermann jederzeit eingesetzt werden konnte. Die Darstellung in acht kleinen Kapiteln sollte vielmehr deutlich machen, daß der künstlerische Effekt einer harmonischen Terz-Fortschreitung in unterschiedlichen konkreten musikalischen Situationen keineswegs derselbe ist. Wer sich nach dieser Darstellung meiner Meinung anschließt (»Eine D-T-Folge verwendet man, eine terzverwandte Akkordfolge erfindet man«), wird hier keine Aufforderung erwarten, Schubert-Stücke zu komponieren. Die Lösung von Aufgaben anderer Art ist jedoch notwendig und scheint effektiver:

1. Der Quintenzirkel wird nunmehr so geschwind durchmessen, daß das Bewußtsein der Beziehungen entsprechend mobilisiert werden muß.

    a) Nachvollziehen der Modulationswege durch Spielen der Beispiele am Klavier.

    b) Erfinden eigener weitfallender (z. B. von *H* nach *Es*) oder auch Kreismodulationen (z. B. von *C* nach *C*) unter Einsatz der weiten Wege (T–t = 3 Schritte, T–s = 4 Schritte), und, wenn erforderlich, Einbeziehung der engen Schritte (D–T oder Dp—T oder D—Tp = ein Schritt), wobei beide Techniken möglich sind: 1. In Zielrichtung mit weiten Schritten beginnen und kurz vor dem Ziel feststellen, wie dieses nun angesteuert werden kann, ob noch ein oder zwei fallende oder steigende Schritte nötig sind. 2. Planmäßige Strategie: Von D fallen nach D = zwölf Schritte. Plan: 4+1+3+3+1. Lösung:

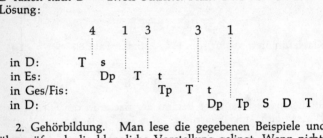

2. Gehörbildung. Man lese die gegebenen Beispiele und überprüfe, ob die klangliche Vorstellung gelingt. Wenn nicht, am Klavier spielen mit bewußtem Zuhören. Andere Klangfolgen ausdenken (z. B. D-dur, B-dur, b-moll) und zu hören versuchen. Überprüfen am Klavier, ob das innere Ohr richtig gehört hat. Es müssen vor allem die Ton-für-Ton-Klangverwandlungen erarbeitet werden.

Ich gebe gern zu, daß ich Mühe habe, mir Folgen wie klingend vorzustellen. Deshalb setze ich mit meiner eigenen Arbeit an diesem Punkt an. Empfohlenes Verfahren: Vom Nacheinander-Hören zum Zusammen-Hören. Ich stelle mir also vor:

3. Selbstverständlich: Analyse. Natürlich hat es keinen Sinn, gefundene Stellen in die acht gegebenen Überschriften einzwängen zu wollen. Sie sollen ja nur dazu aufrufen, den kompositorischen Sinn einer Stelle selbst definieren zu lernen.

SCHUMANN (1830—1850)

Erst im 19. Jahrhundert werden Wiederaufführungen erfolgreicher Werke üblich, entsteht Repertoire, erwächst im Bewußtsein des kunstsinnigen Bürgers die moderne Kritikfähigkeit in der Balance von Gedächtnis und Neugier. Die Kenntnis der Werke der Klassiker, bald auch der großen Werke Bachs, liefert dem Publikum Wertmaßstäbe und stellt den Komponisten in eine neue Situation: Es gilt verständlich zu sein einem Musikpublikum, das in der Sprache Beethovens denken gelernt hat, und zugleich gilt es, diesem Publikum Neues zu sagen.

Die außerordentliche Bereicherung der musikalischen Ausdrucksmittel liegt also darin, daß zum ersten Male ältere Ausdrucksmittel nicht ersetzt, sondern ergänzt werden. Im Bereich der Harmonik bedeutet dies die ungebrochene Herrschaft der Kadenz und bedeutet zugleich die Gefahr der Abnutzung eines schon so traditionsreichen Denkraumes. Kadenzierende Musik bedarf daher verfeinerter Kunst der Umwege, Nebenwege, Verschleierungen, des Vorenthaltens, der das Interesse auf sich ziehenden Verzierungen, der zusätzlichen Reize. Und eine neue Sprache, neue Klangfolge-Legitimationen entwickeln sich zur selben Zeit. An der Harmonik Robert Schumanns sei diese Situation exemplarisch dargestellt.

Beobachten wir zunächst, an welchen Textstellen seiner Lieder dieser in der Ausdeutung dichterischer Sprache unvergleichliche Komponist gleichsam demonstrativ im engsten Kadenzbereich bleibt, die Kadenz ihre eigene Unvergänglichkeit zu feiern scheint. Nr. 4 der ›Dichterliebe‹, »Wenn ich in deine Augen seh«, beginnt in schlichtem Durraum im Wechelgesang von Singstimme und Klavier. Erst in der vierten Zeile finden beide zusammen und kadenzieren in der Subdominanttonart in einer seit über hundert Jahren gesprochenen Musiksprache:

»So werd ich ganz und gar gesund«, lautet der Text, und *gesund* ist hier *überdauernd, verläßlich*. Und mit denselben musikalischen Mitteln drückt sich *schlicht, rein* aus (›Dichterliebe‹ Nr. 3 »die Feine, die Reine, die Eine«) wie auch *herrlich, milde,* »heller Sinn und fester Muth« (›Frauenliebe und -Leben‹ Nr. 2).

Auch die Welt des Märchens bedarf keiner experimentellen Mittel. Einfach und klar ist der Gesang *uralter Melodei'n* »aus alten Märchen« (›Dichterliebe‹ Nr. 15), wie auch das *Liedchen, das einst die Liebste sang* (›Dichterliebe‹ Nr. 10), oder jenes, das ›der frohe Wandersmann‹ (Titel des Eichendorff-Liedes) mit den Lerchen »aus voller Kehl und frischer Brust« singt.

Um so auffälliger auf dieser Basis, desto sprechender der Einsatz ungewöhnlicher harmonischer Mittel. Und indem wir einige von ihnen betrachten, wollen wir dabei zugleich die Gesichtspunkte der Schumannschen kompositorischen Dramaturgie ins Auge fassen.

Deutlich wird in Zwiegesängen — etwa des Sängers mit den Vögeln — zwischen den beiden Sprachen unterschieden. Der Sänger des 12. Liedes der ›Dichterliebe‹ wandelt *im Garten herum* in B-dur. Das Flüstern und Sprechen der Blumen ist einen Halbton höher in Ces-dur zu vernehmen. Hinweg: Grundton wird Leitton. (Terz eines D^7). Rückweg abrupt, entsprechend dem Text »ich aber«: Halbtonrückung vom D^7 auf H zum D^7 auf C.

Noch deutlicher abgesetzt sodann die direkte Rede der Blumen: Tonika B-dur wird Dominante mit Sept im Baß und hochalterierter Quinte. Deren Ziel ist aber nicht *G* als Terz von Es-dur, sondern G als neues Fundament. Die alte Tonika *B* selbst funktioniert also als Leitton (quasi *Ais*) zur neuen Terz *H*:

Und vielleicht darf man in der Interpretation so weit gehen: »Sei unsrer Schwester nicht böse, du trauriger, blasser Mann« ist zwar unerwarteter Zuspruch (deshalb die unerwartete *Hin-Modulation*), dem Manne aber doch, um ihn umzustimmen, zugesprochen, eingehend in seine Nachspielgedanken. Also kein ruckartiges Zurück nach B-dur, sondern ein konsequenter

Denkweg: G-dur vermollt sich, g-moll wird Tp von B-dur, das über ${}^t\!D^v_{3>}D$ erreicht wird.

Interessant die unterschiedlichen Sprechweisen im Heine-Lied ›Ich wandelte unter den Bäumen‹, op. 24, 3. Der Mit-seinem-Gram-allein-Wandelnde wird in G-dur mit T und Formen des D^7 begleitet, während die Rede der Vögel in Es-dur ausschließlich getragen wird von T und $S\overset{6}{5}$-Akkorden. Auffällig hier überdies sämtliche Phrasenschlüsse auf *falschen* T5-Akkorden, die nicht regelrecht ein- und weitergeführt sind: Tonika ohne Fundament, schwebend; gewiß inspiriert von den »Vöglein in luftiger Höh«. Und diese Rede der Vögel ist nun gänzlich unerwartet, zumal nach dem abwehrenden »Schweigt still« des Sängers. Unerhörtes harmonisches Mittel: Die None *Es* im $D^{\overset{9}{7}}$-Akkord (jetzt gibt es ihn; nachher mehr darüber) wird neue Tonika.

Sacht wogen die Ähren und leis rauschen die Wälder, still küßt der Himmel die Erde in Eichendorffs ›Mondnacht‹, und das ganze zarte Bild noch entrückt ins »es war als hätt«. Auf interessante Weise wird dem Sänger (dem aufs Klavier hörenden Sänger!) ein akzentloses Singen suggeriert. Akkordwechsel auf schwere Zählzeiten zu setzen ist eine Hauptregel der Harmonielehre. Der Übergang zur zweiten Zeile könnte demnach etwa heißen:

Die wichtige Silbe »Er-« erhielte so den ihr gebührenden Akzent. Schumann komponiert aber:

In einen bereits heimlich eingeführten (auf leichtester Zeit: in der Pause des Sängers) Tonika-Klang singt der Sänger sich sacht, akzentlos hinein. Ebenso wird ein sanftes Hineingleiten des Sängers bei seinem ersten Einsatz ermöglicht: *As* im Klavier hebt sich zum *B*, und unmerklich wandelt sich der Klavierton um in den ersten Sängerton. Darein versteckt ist eine traumhafte harmonische *Entrückung* weg von der Haupttonart: 8 und 9 des D^9_7 auf *As* werden umgedeutet zur 7 und 8 eines D^7 auf *B*.

FUNKTIONSFREIE D^7-FOLGEN

Es ist interessant zu untersuchen, an welchen Textstellen in Schumanns Liedern die harmonischen Mittel im Dienste äußerster Steigerung des Ausdrucks erweitert werden. Nicht der Aufschrei des Leidenden fordert den Komponisten heraus; für »von wildem Schmerzensdrang« (›Dichterliebe‹ Nr. 10) genügt s^n D^{65}_{43} t. Wo aber der Sänger »bleich und herzeblutend« »von der Freude weggekehret« das verlorene Glück als »du meine Welt« annimmt, verwundet zu Tode die Schönheit der Welt, die unerreichbare, doch noch immer schaut und besingt, öffnet sich eine neue Klangwelt. »Mein Herz ist wund, du bist so jung und bist so gesund« heißt es bei Chamisso (opus 27, 3, »Was soll ich sagen?«). Schumann *entrückt* dieses *so jung* dem herzwunden Sänger im wahrsten Sinne des Wortes. Auf A-dur folgt ein D^7 auf *F*, sodann ein D^7 auf der Basis *H*, alle drei Akkorde verbunden durch den gemeinsamen Ton *A*, der erst stabile Oktave ist, sodann sensibilisiert wird zur Terz und schließlich zur Sept:

Zweimal nur erklingt im ganzen Lied die Tonika D-dur, alles ist aber doch funktionell deutlich auf eine jeweilige Zwischentonika bezogen. Nur an der zitierten Stelle versagt die funktionelle Deutung, wenn sie sich bemüht, Verwandtschaft, Beziehung zu definieren; sie müßte schon die entgegengesetzte Aufgabe wahrnehmen, Ferne zu beschreiben. Denn F-A-C-Dis (F wäre dabei ein tiefalterierters Fis) ebenso dominantisch auf E zu beziehen wie die folgende tatsächliche Dominante von E-dur, würde beide Akkorde in eine Nähe hineininterpretieren, die das Ohr gerade nicht wahrnimmt.

Auch im Heine-Lied ›Warte, warte, wilder Schiffmann‹ findet sich eine Folge von D^7-Akkorden als Ausbruch aus tonaler Sicherheit, wobei in diesem Falle keine Tongemeinsamkeit die Klangfolge mildert:

In die Nähe Debussys stößt Schumann vor mit Nr. 6 der Kernerlieder, opus 35 ›Auf das Trinkglas eines verstorbenen Freundes‹. D^7-Akkorde auf B, C, A und F werden zu einer großen aus funktionellem Zusammenhang befreiten Klangfläche gefügt, so daß die Bezeichnung *Dominantseptakkorde* unangemessen erscheint. Als Farbwert ist die kleine Sept anzusehen. Verbunden sind alle Klänge durch ein bis zwei gemeinsame Töne:

KLANGUNTERTERZUNG

Mehrfach stellt Schumann akkordische Stabilität infrage, ins ›Zwielicht‹, (Liederkreis, Nr. 10) durch einfache oder mehrfache Unterterzung von Terzen, Dreiklängen oder Septakkorden zu Dreiklängen, Sept- oder Septnonakkorden, die auf die Frage nach der Akkordbasis keine eindeutige Antwort mehr zulassen. Vorspiel, erste und vierte Strophe geben zu denselben Tönen der rechten Klavierhand unterschiedliche Interpretationen:

Vorspiel

Der Ton *G* ist Dominantsept.

Bei der ersten Strophe tritt Singstimme und Klavierbaß hinzu:

Der Ton *G* ist Mollsubdominantterz.

Klaviersatz der vierten Strophe bei identischer Singstimme:

Der Ton *G* ist None im Dominantseptnonakkord.

Der Kenner des Liedes wird der provisorischen Deutung der Vorspieltakte nicht mehr glauben; er hört bereits die erste oder gar vierte Strophe ins Vorspiel hinein oder aber, was ich für beabsichtigt halte, ihm bleiben diese Takte mehrdeutig, zwielichtig.

Aus dem Textanfang »Mein Herz ist schwer« erfundene kontinuierlich die Akkordbasis tiefer setzende (und schließlich damit aufhebende) Unterterzung zeigt das Vorspiel zu Nr. 15 der ›Myrthen‹ (Brahms hat diese Technik aufgegriffen und weiterentwickelt):

Im folgenden wird *Dis* zu *D* tiefalteriert und weiter unterterzt mit *H, Gis, Eis*.

DOMINANTSEPTNONAKKORD

Der D_7^9 (meist mit großer, seltener mit kleiner None) spielt in der musikalischen Sprache Schumanns eine entscheidende Rolle; er ist zu dieser Zeit ein sehr ausdrucksstarker und noch ganz unverbrauchter Klang. Es sei daran erinnert, daß die ältere Musik nur eine (vor allem dominantische) 9-8-Vorhaltbildung kannte, wobei die Auflösung des Vorhalts stets noch im Klang selbst und nicht erst in seiner Weiterführung erfolgte.

Hier einige Beispiele für den Dominantseptakkord mit großer und kleine None:

3. Sinfonie, 1. Satz, Takte 31—35:

Thema der Abegg-Variationen:

Intermezzi op. 4, Nr. 1, Takt 7:

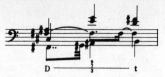

»Glückes genug« (Kinderszenen Nr. 5):

»Kuriose Geschichte« (Kinderszenen Nr. 2):

Chamisso-Lied »Die rote Hanne« op. 31,3:

Die Auflösungstendenz der None ist nur plausibel, wenn diese weder zur Sekunde verengt wird, noch eine Septime unter dem

Funktionsgrundton liegt. D_9^7 ist also nicht möglich und bei den gebräuchlichen Umkehrungen $D_3^{\frac{9}{7}}$, $D_5^{\frac{9}{7}}$ und D_7^9 muß der Funktionsgrundton so tief im Akkord liegen, daß das Nonintervall erhalten bleiben kann. (Siehe das Beispiel aus ›Kuriose Geschichte‹.)

Da 1, 3, 7 und 9 im Dominantseptnonakkord enthalten sein müssen, muß in vierstimmiger Darstellung die Dominantquinte wegfallen. $D_5^{\frac{9}{7}}$ läßt sich also nur fünfstimmig realisieren.

Verkürzter Dominantseptnonakkord?

$\text{\DH}^V$ und $\text{\DH}^7$ sind wesentlich älter als $D^{\frac{9}{7}}$ und $D^{\frac{9}{7}>}$. Komponist und Hörer der Bach-Zeit haben bei *H-D-F-As*, Hörer der Klassik bei *H-D-F-A* nicht *G* mitgehört, als dazugehörig aber weggelassen. Ich trug dem Rechnung, indem ich die vier Töne dieser Septakkorde über dem Leitton 1, 3, 5 und 7 bezeichnete und die gleichermaßen dominantische wie subdominantische Funktion beider Klänge mit $\text{\DH}^V$ und $\text{\DH}^7$ sichtbar machte.

Nachdem nun aber in der Romantik $D^{\frac{9}{7}}$ mit großer und — seltener — mit kleiner None als Akkord in die Musik eingeführt wurde und sogleich entscheidende Bedeutung erlangte, sind für diese Septakkorde zwei Hörweisen denkbar: Beide können auch jetzt noch komponiert und gehört werden wie einst (denn auch in der schlichten Kadenz, zur Schumann-Zeit komponiert, klingt Vergangenheit mit). Zum anderen aber mag man ihr Auftreten in neuer romantischer Musik auch als unvollständige Gestalt des neuen $D^{\frac{9}{7}}$ auffassen, und dies zumal dann, wenn dieser ihnen unmittelbar vorangeht wie in einem der folgenden Beispiele.

Moll: $\text{\DH}^V$, jetzt eventuell auch $\cancel{D}^{\frac{9}{7}>}$, = *H-D-F-As*.

Dur: Sp $_6^5$ bzw. VII^7 zur Bachzeit, in der Klassik $\text{\DH}^7$, jetzt eventuell auch $\cancel{D}^{\frac{9}{7}}$, = *H-D-F-A*.

Ich weigere mich, bei diesen Gebilden vereinfachende definitorische Faustregeln vorzuschlagen, man höre beim jeweiligen Auftreten in die konkrete Situation hinein und wähle die angemessene Bezeichnung. Bei der Behandlung Wagners werden wir ähnliche Mühe auf uns nehmen müssen mit anderen Akkorden: Teils sind sie noch, was sie waren, teils wollen sie mit anderen Ohren gehört werden.

Die harmonische Situation vor dem zweiten Taktstrich (Kernerlieder, opus 35, Nr. 12) ist, bezogen auf Es-dur, zweifellos subdominantisch: Sequenz der vorangehenden S-T-Folge in Ges-dur. Der Ton D läßt sich als Wechselnote auffassen. Hört man ihn als harmoniebestimmendes Ereignis, ist er zwar dominantischer Leitton zu Es, Es wird aber im wichtigeren Baß zugleich subdominantisch angesprungen. Ich entscheide mich hier also für $Ɖ^V_5$ und halte $Ɖ^9_7$ für sinnwidrig.

Der Drang nach Erweiterung der harmonischen Ausdrucksmittel führt zur Zeit Schumanns, von $D^{\overset{9}{7}}$ abgesehen, nicht zur Einführung neuer Akkorde, sondern zu neuartigen Weiterführungen bekannter Akkorde, die dadurch in völlig neuem Lichte erscheinen. Vor allem aus dem verminderten Septakkord wird in solcher Weise neuartiger Klangreiz gewonnen.

Der dritte Akkord dieses Liedanfangs aus opus 27, Nr. 5, strebt nach e-moll, das nicht erscheint, aber bezeichnet werden muß, da der vorangehende Akkord als Zwischendominante nur durch sein angestrebtes Ziel bezeichnet werden kann. Seit Hugo Riemann schreibt man letzteres in eckigen Klammern. In Schumanns Auflösung bleibt die 7 des $Ɖ^V$ liegen und wird neue Tonika.

›Frauenliebe und -Leben‹ Nr. 8 (»Nun hast du mir den ersten Schmerz gethan«) bringt dicht hintereinander zwei Fortschreitungen des $𝄇^V$, bei denen jeweils zwei Töne liegenbleiben:

Trugschlüssig folgt auf den $D^{\frac{9}{7}}$ statt der Tonika g-moll deren Gegenklang Es-dur. Die Folge wiederholt sich mit zwei kleinen Änderungen: Dem $D^{\frac{9}{7}}$ fehlt der Grundton D und der Trugschlußklang ist vermollt zu es-moll.

Wegen der Parallelität der Folge scheint mir aber glaubhaft, daß zu Beginn des dritten Taktes die weggelassene Basis D hinzugedacht wird: Beispiel für den verkürzten Dominantseptnonakkord. Von der Notierung der Singstimme her wäre allerdings die rechte Klavierhand umnotiert zu denken: *Fis* statt *Ges*. Nimmt man jedoch die Klaviernotierung ernst, strebt der $𝄇^V$ *A-C-Es-Ges* (jetzt kein $D^{\frac{9}{7}}$ mit weggelassenem Grundton, denn *F* ist nicht hinzudenkbar) nach b-moll. Dessen Terz und Quinte werden allerdings durch Quart und Sext vorenthalten, erklingen aber im nächsten Takt, wobei das neue Baßfundament *F* die Tonika zum kadenzierenden $D^{\frac{6}{4}}$ umfunktioniert. Liegenbleibendes *F* in Sopran und Baß umrahmt abschließend einen $𝄇^V$, der entweder trugschlüssig zur t führt oder als Vorhaltbildung in der t gedacht werden kann (*H–C* sowie *D–C*). Der Phrasenabschluß auf *H* in der Singstimme macht die erstgegebene Interpretation glaubhafter. Übrigens ist *Fis* in der Singstimme einzig richtig: Dominantischer Halbschluß der Sängerin. Ebenso richtig im Sinne der Weiterführung das *Ges* des Klaviers.

Es schadet gewiß der Schulung des analytischen Verstandes nichts, derartige Bezeichnungs-Ungetüme auszuarbeiten. Was aber an solchen Stellen wirklich komponiert wurde, begreift man nur bei gleichzeitigem analytischen Bemühen in entgegengesetzter Richtung: Für den Funktionstheoretiker streben alle Strebeakkorde irgendwohin. Der Komponist dieser Zeit aber strebte offenbar *weg von*, also in entgegengesetzter Richtung, ins Offene, in den Tonika-freien Raum funktionslos verbundener Klänge.

Aufgabe der Gegenanalyse wäre es also nachzuweisen, bei wievielen Akkorden die Weiterführung unvorhersehbar erfolgte, so daß der Hörer sich Musik geschehen lassen muß (darf!), ohne sie als aktiv mitkomponierender Hörer in einzelnen Schritten vorauszuwissen.

Weitere Belege für unvorhersehbare Fortführungen des $↑^V$:

Abegg-Variationen, Finale:

Erster $↑^V$: Drei steigende Leittöne, ein Liegeton.

Zweiter: $↑^V$: Zwei steigende Leittöne, ein Schritt in großer Sekunde, ein Liegeton. Die gegebene funktionelle Deutung faßt *Gis* auf als *As*. Viele Komponisten notieren bei Auflösungen in den D$\overset{6}{4}$ (statt in die D) linear sinnvoll, aber funktionell falsch, wie Schumann hier.

Man bemerke, daß auch der zwischengesetzte Dominantseptakkord ins Offene verführt ist: Drei steigende Leittöne, eine steigende große Sekunde, ein Orgelpunktbaß.

3. Sinfonie, 2. Satz, T. 108—110:

Streichbässe, Trompete und Fl./Viol. bleiben in der Tonika. Mittlere Streicher und Hörner spielen *Dis-Fis* als Wechselnoten zwischen *E* und *G*. Nur die Melodiestimme der Bläser und 2. Geigen realisiert einen Funktionswechsel.

3. Sinfonie, 2. Satz, T. 115—117:

Die Deutung dieses verminderten Septakkords als *Cis-E-G-B*, also als ($\cancel{D}^v$) [Sp] will nicht überzeugen. *Cis* ist chromatischer Durchgang und *Ais* angesprungene Nebennote. Also: $T\frac{1<}{5\ 6<}D_3^7$

Von großer Bedeutung ist der verminderte Septakkord $\cancel{D}^v$ für die behandelte und vor allem folgende Zeit (Wagner) als Trugschluß.

Modell:

Schumann setzt ihn in einem bereits zitierten Chamisso-Lied (opus 27, Nr. 3) als *doppelten Trugschluß* ein:

Der $\overset{t}{D}{}^{v}$ Trugschluß von fis-moll, *His-Dis-Fis-A*, wird in erneutem Betrug der Hörerwartung zu *Dis-Fis-A-C*, also zum $\overset{t}{D}{}^{v}$ von A-dur umgedeutet.

Als trugschlüssig kann man auch die Folge mehrerer verminderter Septakkorde auffassen, wie sie schon bei Beethoven, z. B. im Largo e mesto seiner Klaviersonate opus 10, Nr. 3, auftritt. Denn beide möglichen Fortschreitungen erfüllen die Fortschreitungserwartung einer (bzw. zweier) Stimmen und betrügen in den übrigen:

In diesem Zusammenhang der Hinweis, daß sich bei Schumann häufig auch die Subdominante trugschlüssig eingesetzt findet. Man studiere den Schluß von »Kind im Einschlummern« (›Kinderszenen‹). In Moll: $D^7\ S_{\overline{3}}\overline{}$; sowie Kernerlieder opus 35, Nr. 11, Schlußphrase »sie lassen mich nicht ruhn«.

In Dur: $D^7\ S_3\ D_3^7\ \dfrac{D^7}{T}\ T$

BEFREIUNG VON DER TONIKA

Durch die vorausgegangene Entwicklung durchaus anerkannt und bestätigt, erfährt die klassische Kadenz in den letzten Takten der großen C-dur-Fantasie opus 17 eine faszinierende Erweiterung:

Erinnert ist ohne Frage T (D⁷) Sp D T, und doch wäre eine solche Interpretation als *tief gesunkene Sp* nicht ausreichend. *Des* ist ja hier nicht nur zu tiefes *D*, sondern auch klanggleich mit dem vorausgehenden Leitton *Cis*. Dieser erstarkt also, und es erhebt sich über ihm ein Durdreiklang *Cis-Eis-Gis*. Die korrekte Funktionsbezeichnung — aber sie allein besagt wenig ohne Interpretation — wäre: T (D⁷) [Sp] D⁷ T. Übrigens wird
sG
sG in Malers Funktionsbezeichnung «verselbständigter Neapolitaner» genannt und sᴺ bezeichnet.

Ich neige allerdings dazu, diesen auf eine präzise musikgeschichtliche Situation bezogenen Namen einzig bei dem Klang zu verwenden, in dem die kleine Subdominantsext seufzender, klagender fallender Leitton zur t ist. Und diese Tendenz ist (für C-dur formuliert) einem auf *Des* als Oktave aufgebauten starken *Des* doch entzogen. Ich ziehe also sG vor.

In dieser Schumannkadenz klingt gleichzeitig *Erinnerung an* und *Befreiung von*. Befreiung von der Tonika ereignet sich auch im großangelegten ersten Satz der Fantasie. Mit leidenschaftlichem Ausdruck eröffnet der D⁹₇-Akkord, zieht sich erst nach sieben Takten zusammen zum D⁷, wendet sich in Takt 13 zur Tp und moduliert über ($^t_↓\!D^V\, D^{4\,3}_{4\,3}$) zur Dominante G-dur, die jedoch mit *E* unterterzt ist, doppeldeutig zwischen G-dur und e-moll (Takt 17). Endgültig wird das Ziel G-dur erreicht in Takt 19, jedoch sogleich wieder als D⁹₇ in Spannung versetzt. Erst in Takt 27 Spannungsverringerung zum D⁷, in Takt 28 Halbschluß jedoch mit D$^{9>}_{7\,1}$ ⌀$^{9>}_{7\,5}$

Die kleine None *As* allein führt den folgenden Abschnitt ein, wobei der nur in einem Ton veränderte unterlegte Klang (statt *D F As H* jetzt *F As C D*) eine erneut öffnende Modulation vollzieht. Als ⌀$^9_5$ führt er über D$^7_5$ die neue Tonika Es-dur ein (T. 33). Diese wird sogleich unterterzt und in ihrer Stabilität in Frage gestellt:

Takt 33	Takt 34	Takt 35	Takt 36
G	G	G	
Es	Es	Es	Es
	C	C	C
		A	A
			Fis

Takt 37: Neue Tonika g-moll, sogleich in derselben Weise unterterzt ...

D-moll wird neues Ziel in Takt 41 und in Takt 52 (trugschlüssig unterterzendes B) wieder verlassen. F-dur, neues Zentrum ab Takt 62, öffnet sich in Takt 73 als D^7-Akkord zu weiterer Modulation. Die verdurte Parallele D-dur ist Ziel in Takt 82, wird nach der Fermate sogleich modulierend verlassen. In Takt 97 wird nach chromatischer Modulation überraschend der D^7 von C-dur erreicht, in dem der erste Hauptteil des Satzes halbschlüssig offen endet nach nochmaliger Ausweichung. Und überraschend beginnt der Mittelteil des Satzes in g-moll, das schon nach vier Takten verdurt wird und dominantisch nach c-moll führt ...

Vom neuen Raffinement unterterzender In-Frage-Stellung abgesehen, einfache Funktionsbeziehungen bei intensiver Auswertung des neuen D^{9}_{7}-Akkords. Durch ihn läßt sich altbekannte Dominantspannung steigern, aktualisieren, auffrischen, während dergleichen mit der altbekannten Tonika, auf altbekannte Weise dominantisch erreicht, nicht geschehen kann: Abnutzungserscheinung von Tonika! Spannung bleibt Spannung, wird verstärkt dosiert und bleibt so gleich in der Wirkung. Entspannung jedoch — ehemals notwendiger Gegenpol — wird Schwäche.

Die erstaunliche Fülle traditionsgebundener Kadenzabläufe und großer tonaler Flächen in Schumanns Musik wollen wir jetzt nicht vergessen. Wir wollen lediglich feststellen, daß ein großangelegter Satz leidenschaftlichen Ausdrucks keine größeren von einer Tonika bestimmten Flächen mehr verwenden mag. Strahlende Leuchtkraft bringt ein gesicherter tonaler Raum immer noch auf (man sehe den majestätischen Anfang des zweiten Satzes), aber Tonalität ist nicht mehr Sprache für alles.

Wie die Lied-Untersuchungen ergeben haben, ist ihr der Rang einer allgemeinverbindlichen Sprache entzogen. Sie ist *ein* bestimmter Ausdruckswert geworden, den wir bei den Lied-Untersuchungen anhand der Texte solcher Stellen umschrieben haben. Und anderer Ausdruck fordert jetzt andere Mittel. Dabei genügt vorerst das ständige modulatorische Offenhalten.

Daß die große Zeit der Sonate zu Ende gehen muß bei dieser Entwicklung der Harmonik, wird deutlich. Man erinnere sich an Beethovens leidenschaftliche Klaviersonate f-moll, opus 57: Große tonal geschlossene Abschnitte in Exposition (f-moll, As-dur/moll) und Reprise (f-moll, -dur, -moll) umrahmen eine modulatorisch wild bewegte Durchführung. Der modulatorischen Aktivität, die bei Schumann in exponierende Abschnitte eindringt, entspricht das gleichzeitige Eindringen von motivischer Verarbeitung, sofortiger Verwandlung exponierten Materials.

Dieses Eindringen von Durchführungstendenzen in alle Abschnitte der Sätze hebt die alte Gegenüberstellung von Exponieren, Durchführen und Wiederholen auf. Die Gegenpole fest und locker, geschlossen und offen verlieren ihre formbildende Rolle. Permanente Entwicklung oder entwickelnde Variation heißt das Ziel (Brahms → Mahler) und die Auflösung der Tonalität ist sowohl Ursache wie Folge dieser Entwicklung.

Aufgaben: Durch eigene Untersuchungen an Klavierliedern Schumanns sollen die in diesem Kapitel gegebenen Thesen überprüft, bestätigt, ergänzt, korrigiert werden. Dabei ist grundsätzlich zu berücksichtigen: Es steht dem Komponisten frei, ob er den Ausdrucksgehalt einzelner Worte oder Textzeilen durch Wechsel der kompositorischen Sprache hervorhebt oder ob er vom gesamten Ausdruck eines Gedichts zur Wahl der musikalischen Ausdrucksmittel motiviert wird.

Den Klangreiz funktionsfreier D^7-Akkord-Folgen sollte man durch Improvisation solcher Folgen am Klavier kennenlernen. Man tue dies ohne vorgefaßten Plan. Momentane Entscheidung: Diese 7 soll liegenbleiben und 3 werden; jetzt soll diese 1 werden. 3 und 5 dieses Klanges sollen jetzt 5 und 7 werden usw.

Schriftliches Aussetzen von Klangfolgen mit D^9_7-Akkorden und allen Umkehrungen im Klaviersatz, also in freier, wechselnder Klangdichte (etwa 3- bis 6stimmig).

Aus den Möglichkeiten des neueingeführten D^9_7-Akkords kurze Melodien erfinden, die seinen besonderen Spannungswert ausnutzen; z. B.:

Modulationswege durch Klanguntertierzung ausprobieren. Denkweg z. B.:

Mögliches Ziel: E-dur. Möglich auch im letzten Klang Umdeutung *C* zu *His*, somit Modulation nach fis-moll:

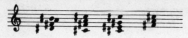

Fortschreitungsmöglichkeiten eines verminderten Septakkords ausprobieren; z. B.:

Ziel: F-dur,   g-moll,   C-dur,   Es-dur,   h-moll,   A-dur

Kadenzspiel mit ${}_{\mathrm{D}}^{\mathrm{t}}{}^{\mathrm{v}}$ als Trugschluß:

$$t \quad s_3^5 \quad D \quad {}_{\mathrm{D}}^{\mathrm{t}}{}^{\mathrm{v}} \quad D_3^{5\,5} \quad t$$

OPER (1600—1900)

Der breite Pinsel

Ein Plakat, das einen Passanten einfangen soll, wird in Form- und Farbgebung anders disponiert sein als eine Miniatur, die mit einem Betrachter rechnen kann, der sehen will, der aus eigenem Antrieb zu ihr kommt. Musik, in der Oper *auch* gehört (mit 20 bis 80 Prozent Aufmerksamkeit, kaum mit 100 wie im Konzert), muß drastischer auf sich hinweisen als das Streichquartett, das keine Ablenkung zu fürchten hat.

Ein Bühnenbild, Format: Zwanzig mal zehn Meter, wird mit anderem Pinsel gemalt als ein Aquarell, Format: fünfzig mal siebzig cm. — Eine musikalische Zwei—Vier-Stunden-Form verlangt nach großräumigerer Disposition als ein konzentriertes Zwanzig-Minuten-Werk absoluter Musik.

An zwei Stellen sei der breite Pinsel, die notwendigerweise überdeutliche Sprache der Oper demonstriert, die durchaus in einem Konzertsaal-Werk als zu äußerlich, zu indiskret, zu penetrant, zu primitiv gemacht empfunden werden könnte.

›Carmen‹, dritter Akt, wilde Gebirgsgegend. Zwei Oktavschläge; danach viertaktige c-moll-Melodie:

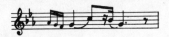

Im dritten Takt moduliert diese nach Es-dur. Wiederholung der Melodie, diesmal im vierten Takt nach c-moll zurückmodulierend. Nochmals Melodie 1 und 2 in veränderter Instrumentation. Zehntaktige Variante der Melodie, anschließend erneut Melodie 1 und 2. Sodann Einsatz des Zigeunerchores »Nur Ruhe, Leute, laßt euch raten«, dem im weiteren Verlauf Melodie 1 und 2 noch zweimal unterlegt sind: Fünfmal also derselbe Achttakter in einer kurzen Nummer! Schon soviel Wiederholung verträgt kein Konzertsaal-Werk.

»Ein Fehltritt bricht euch das Genick«, singen die Hinunterkletternden, und die Schwierigkeit des Weges wird in Bizets Harmonisierung drastisch verdeutlicht:

Eine Oktave tief führt der Weg und kein einziger Schritt ist gesichert, ein jeder führt in einen übermäßigen Dreiklang, der die Kletternden gleichsam dazu zwingt, die Hände zu Hilfe zu nehmen, da das Akkordfundament kein Stehen ermöglicht. Eine geniale Idee, typische Opernerfindung.

›Aida‹, vierter Akt, zweite Szene. Radames erfährt von Amneris, daß Aida lebt und nur ihr Vater gefallen ist. Der Schilderung der dramatischen Ereignisse unterlegt ist eine allmählich chromatisch höher steigende tonal mehrdeutige Takterfindung:

Ist hier die es-moll-Quinte chromatisch umrahmt oder zielt der Takt zum Ces-dur-Sextakkord, ist der Ton *Es* also Terz oder Grundton, oder erst das eine, dann das andere? Keine regelmäßig steigende Sequenz. Einmal vier, einmal drei, mehrfach nur ein Takt auf einer Stufe; dabei auch eine unregelmäßig zusammengeschobene Dreiklangsgestalt:

Nach mühsam erkämpftem H-dur

singt Radames »O führ der Himmel sie ins Vaterland zurück«. Und nun der entscheidende Dialog, vom Textdichter, einem Kenner der Erfordernisse des Metiers, in angemessener Weise in vier Anläufen aufgebaut:

A.: Wenn ich dich rette, schwöre, daß du ihr nicht mehr ergeben!
R.: Ich kann nicht!
A.: Entsage ihr auf immerdar, dein Leben gilts!
R.: Ich kann nicht!
A.: Noch einmal höre: Entsage ihr.
R.: Vergebens.
A.: Sterben willst du also, Unseliger?
R.: Ich bin zum Tod bereit.

Hier der harmonische Extrakt der vier Dialog-Gruppen. Zwei identische Gruppen: Eine leere Oktave füllt sich zum D7. Die korrekt aufgelöste Sept wird jedoch nicht Terz einer Zieltonika, sondern Grundton eines weiteren D⁷, dessen Terz, als leere Oktave übernommen, Grundton des nächsten D7 wird. Steigerung in der dritten Dialog-Phase: Vier statt drei Klänge; drei statt ein chromatisch steigender Schritt der Oberstimme; statt einer bzw. zwei jetzt drei überraschende harmonische Progressionen (mit ! bezeichnet). Vierte Dialog-Phase: Klare Absage, Todesbereitschaft. Eindeutige c-moll-Kadenz.

Beide Stellen dieser Szene, so unterschiedlich sie auch sind, benutzen dasselbe Mittel tonaler Undefinierbarkeit (welcher Ton ist Basis?) und dieselbe steigende Sequenz-Chromatik. Sie breiten so den Spannungszustand über eine große Fläche, die der Oper angemessen ist, aus.

Bestätigende und handelnde Harmonik (Arie und Szene)

Zwei Stücke aus Mozart ›Don Giovanni‹. Don Ottavios Arie »Dalla sua pace...«, Nr. 10a, ist als Da-capo-Arie mit erweiterter, bestätigender Reprise Ausdruck eines unveränderlichen Gefühls: Hier singt ein Freund, der Vertrauen verdient.

A-Teil: Engräumiges G-dur. B-Teil: beginnt in g-moll, geht nach B-dur und in einer unvorhersehbaren Modulation nach h-moll. Die ganze erweiterte Reprise wieder 38 Takte lang in klarem G-dur. Verläßlicher stabiler G-dur-Rahmen, geringfügig bewegter Mittelteil.

Äußerster Gegensatz zu dieser Bauweise: Nr. 2 der Oper, das Recitativo accompagnato. Donna Anna und Don Ottavio entdecken die Leiche des Commendatore. Hier der Text der Szene. Die tonalen Einheiten sind unterlegt; naheliegende, plausible Modulationen sind mit →, unerwartete *chaotische* Modulationswege durch ∧↛ angegeben. Uneindeutige tonale Situationen sind mit ? vermerkt.

Siehe hier Seite 196/197.

Wie sehr Donna Anna vom schrecklichen Geschehen betroffen ist, zeigt die Kürze der tonalen Einheiten ihrer Rede. Ottavios Anordnungen dagegen (»Ach, eilt zu Hilfe, Freunde« / »Verbergt doch, entfernt...«) oder seine sachlichen Feststellungen (»des Unglücks Schmerzen...«) verraten durch die großflächigere Disposition Überlegenheit, Distanz. Den Höhepunkt tonaler Verwirrung setzt Mozart instinktsicher bei Donna Annas »mein liebster Vater... — ich sinke... — ich sterbe...«.

Sinnvoll in dieser Situation, daß auch die drei kurzen Orchesterbruchstücke offen bleiben: Die ersten beiden enden halbschlüssig dominantisch, das dritte trugschlüssig (G-dur als tG in h-moll). Und auch im kleinsten Zusammenhang werden im Orchestersatz alle kadenzierenden Schlußbildungen neutralisiert, indem ein jeder als Tonikaschluß auffaßbare Klang sogleich wieder Ausgangspunkt neuer Modulation wird.

Hier zwei Beispiele:
        D. O.: O Himmel . . .
D. A.: Vater . . .   D. A.: Ach, dieser Mörder erschlug ihn mir

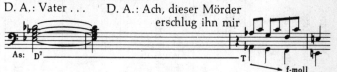

O sucht mir doch . . . und bringt her . . . etwas Wein . . .

Als zwischen beiden Extremen stehend studiere man das Duett aus Nr. 2, das dem analysierten Recitativo accompagnato unmittelbar folgt: Ein *handelndes* Duett, das zu einer stabilisierten Schlußsituation führt. Als Ergebnis hektischer Modulationen (Haß, Verwirrung, Irrtum, Trauer, Tröstung, Entschluß zur Rache) steht am Ende eine große tonale Fläche (der gefaßte Entschluß, unverbrüchlich bekräftigt im Racheschwur; Einigkeit der Liebenden im Leid).

DER ITALIENISCHE FALLENDE LEITTON

Durch gewisse musikpädagogische und -theoretische Schriften geistern merkwürdige Thesen von *Skalenenergie*. Hier west Natur! Hier werden in das Tonmaterial Willensbekundungen hineininterpretiert, wo es sich um geschichtlich Bedingtes handelt, um lange Tradition kompositorischen Willens, dem sich das Material noch stets gefügt hat.

C, E und *G* seien (in C-dur) *statische* Töne, die — wie es so schön heißt — ohne jede Ergänzung für sich einen Sinn ergeben. *D* und *A* seien *neutrale* Töne, *F* und *H dynamische* Töne. (Wobei dann also *H* nach *C* zu streben hat und *F* nach *E*, so daß die Stufenfolge Subdominante-Dominante, also die Baßstimme *F—G*, widernatürlich verläuft!) Daß unterschiedliche funktionsharmonische Folgen das Tonmaterial dazu zwingen, je nach dem Zusammenhang Unterschiedliches zu wollen, wird hier verkannt und von einer rein melodisch existierenden Dur-Welt geträumt.

Orchester	D. A.: Ach, welch schreckliche Tat, welch grauenvolles Schauspiel vor meinen Augen!	D. A.: Der Vater... ach mein Vater... mein teurer Vater...	Orchester
G-dur → c-moll			→ f-moll

D.O.: O Himmel... D. A.: Ach, dieser Mörder erschlug ihn mir.		Dies Blut sieh...
↝ As-dur		→ C-dur → D-dur

diese Wunde...	dies Antlitz...	bleich und entstellt von den Farben des Todes...
→ E-dur	→ Fis-dur	

Orchester	D. A.: Kein Hauch von seiner Brust, kalt sind die Glieder...		O mein
→ h-moll → G-dur	→ C-dur	→ d-moll	

Vater.. teurer Vater...	mein liebster Vater...	ich sinke...	
?	↝ Es-dur ↝ d-moll		↝ a-moll

Ich sterbe...	D.O.: Ach, eilt zu Hilfe, Freunde, der teuren Lieben! O sucht mir doch... und bringt her... → e-moll		
etwas Wein... eine Stärkung... → C-dur?	ach, ohne Säumen... Donn' Anna... → G-dur? → a-moll?	Teure... → C-dur	
Geliebte... des Unglücks Schmerzen töten die Tiefgetroffne... → c-moll	D.A.: Ach...	D.O.: Sie kommt zu sich... gebt ihr noch → g-moll	
neue Stärkung...	D.A.: O mein Vater...	D.O.: Verbergt doch, entfernt nur schnell aus ihren Augen diesen Anstoß des Schreckens. ↑	
Du meine Seele... a-moll	sei tapfer... ⁓→ d-moll		

so fasse dich...

Skalenenergieapostel berufen sich beim Versuch des Trivialitätsnachweises bei *second-hand-Musik* des 19. Jahrhunderts auf den fallenden Leitton. In solcher Diskrepanz zwischen Melodieführung und Skalenenergie sehen sie objektive Kriterien für die Plattheit gewisser Musik. Nur eine beschränkte Literaturkenntnis kann zu einem solchen Mißverständnis führen, denn der fallende Leitton hat eine alte Tradition und ruhmvolle Geschichte.

Hier zunächst einige Beispiele alter italienischer Volkslieder.

(Venezien)

(Toskana)

(Abruzzen)

Aus der italienischen Oper ist diese melodische Wendung überhaupt nicht wegzudenken. Hier Beispiele von Rossini und Verdi.

Rossini, ›Der Barbier von Sevilla‹, Arie des Grafen »Hemme nicht . . .«:

Verdi, ›Rigoletto‹, Quartett, Nr. 11:

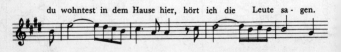

›Rigoletto‹, Nr. 10:

[Herzog]

Ursprünglich wohl schlicht eine von mehreren Möglichkeiten der Melodiebildung, wird diese Wendung in der italienischen Oper des 19. Jahrhunderts immer deutlicher zum Träger leidenschaftlichen Ausdrucks. Gesang von Liebesglut, Sehnsucht, Heimweh findet in dieser Wendung den melodischen Höhepunkt.

Dazu Beispiele aus ›Rigoletto‹ und ›Aida‹ sowie aus ›Carmen‹.

›Rigoletto‹, Nr. 7:

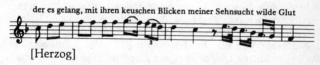

[Herzog]

›Rigoletto‹, Nr. 8:

[Rigoletto]

›Aida‹, Nr. 6 (unter Verwendung des Motivs, das das Opernvorspiel eröffnet):

[Aida]

›Aida‹, Nr. 12:

[Aida]

›Carmen‹, Duett, Nr. 6:

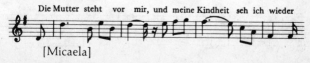

[Micaela]

(Man vergleiche bei Beethoven: »Strahlt dein Bildnis« aus ›Adelaide‹ sowie »Was ein liebend Herz geweiht« aus ›An die ferne Geliebte‹.)

Kein Wunder, daß kleinere kompositorische Potenzen, um dieselbe Ausdrucksintensität bemüht, gern zu diesem Mittel gegriffen haben, auch wenn sie ihm nicht den angemessenen Rahmen zu schaffen vermochten. Der Mißbrauch in schlechten Stücken nimmt aber einem Ausdrucksmittel nichts von seiner in großen Opernwerken bewährten Kraft: Er bestätigt diese vielmehr.

DROHENDE GEFAHR

Unmöglich, den Ausdrucksgehalt eines Opernabschnitts allein von den darin eingesetzten Mitteln abzulesen. Entscheidend wichtig ist, was vorher, was anschließend geschieht. Vorbereitung, Entwicklung, Übergang oder harter Kontrast? Drohende Gefahr kann nur hörbar werden, wenn noch vom Vorherigen eine sichere Welt im Ohr ist. Kaum kann der Komponist hier allein die richtige Disposition der Ausdrucksmittel durchsetzen; schon vor Beginn seiner Arbeit müssen die Weichen richtig gestellt sein. Aufgabe des Librettisten ist es, dem Komponisten den gezielten Einsatz seiner Ausdrucksmittel zu ermöglichen.

›Fidelio‹, Finale des ersten Aktes. »O welche Lust in freier Luft« und »Wir sollen mit Vertrauen auf Gottes Hilfe bauen«. Zwei Abschnitte schlichter Musik frühklassischer Harmonik in B-dur bzw. G-dur, während die Gefangenen die kurze Freiheit im Gefängnisgarten genießen. Kurze Modulation, Halbschluß in F-dur. Ausgehaltene leere Oktave F. Vermerk: »Hier erscheint ein Offizier auf dem Wall und entfernt sich wieder«. Chromatisch rückt die Oktave zum Fis, die tonale Sicherheit schwindet und das Gefühl der Unsicherheit steht im Raum. Beklemmend sodann der ruckartige Wechsel der harmonischen Mittel. Eine geschlossene Fläche verminderter Septakkorde, ausweglos, trägt den folgenden Gefangenenchor (»Seid leise ... wir sind belauscht ...«). Das harmonische Gerüst dieser 22 Takte ist simpel:

Aber nicht diese schlicht halbtonversetzten vier verminderten Septakkorde greifen ans Herz, sondern der Kontrast des eben Erklingenden zum Erinnerten. Geschickt Beethovens Disposition der beiden Phrasen des zweiten Gefangenen: Er rezitiert auf einem Ton bis zum Wechsel eines $\mathcal{B}^V$ -Abschnitts, so daß sein Schlußton jedesmal chromatisch absackt:

Schon die Tatsache, daß die Posaunen im ›Don Giovanni‹ lediglich in der *Friedhofszene* und im Finale der Oper eingesetzt sind, gibt dem Auftreten des Commendatore, zunächst als sprechendes Denkmal, schließlich als Vollstrecker des Urteils, Gewicht. Hinzu kommt die schon aus anderen Beispielen bekannte Ausdruckskraft geballt auftretender und zumeist unerwartet weitergeführter verminderter Septakkorde. Bemerkenswert ist die hier von Mozart eingesetzte Harmonisierung mittels eines Modells, das sich in zahlreichen Werken der Klassik und Romantik wiederfindet. Chromatischer Baßanstieg mit der wiederkehrenden Akkordfolge: Verminderter Septakkord, Mollquartsextakkord, Dominantseptakkord:

Tonal undefinierbar, bleibt dieses Modell dennoch im selben Tonbereich, da sich in allen Auslegungen derselbe verminderte Septakkord wiederholt und nach zwölf Akkorden seine Ausgangsgestalt wieder erreicht. Natürlich kann dieses Modell an jeder Stelle betreten und verlassen werden.

Besser aber als Schminke, Kostüm und Beleuchtung gelingt es dem Komponisten durch ein im folgenden eingesetztes sehr merkwürdiges Mittel der Harmonisierung, die Erscheinung des Komturs im Tonsatz abzuheben von den Menschen aus Fleisch und Blut. Zunächst einmal ist die Ruhe seines Gesanges *nicht von dieser Welt*. (Rezitation auf einem Ton, von wechselnden Harmonien getragen). Dann aber jene wahrhaft schreckliche Gegeneinladung an Don Giovanni. Die langsam chromatisch aufsteigende Singstimme ist hier nicht wie üblich harmonisiert durch tragende Akkorde: Sie ist selbst sowohl Melodie als auch Akkordfundament. (Oder beides nicht?) Schlicht gesagt: Oktavparallelführung von Singstimme und Orchesterbaß.

Nun findet sich unisono von Singstimme und Orchesterbaß gelegentlich bei Baßarien. In solchen Fällen aber singt der Sänger unverkennbar die Baßstimme des Tonsatzes und überläßt die Melodie den Instrumenten. Man findet dies z. B. in der Sarastro-Arie »O Isis und Osiris« aus der ›Zauberflöte‹ Mozarts:

stärk mit Ge- -duld sie in Ge- -fahr.

Anders aber die Komtur-Stelle: Schon wegen der hohen Lage der Singstimme scheidet als Definition *Baßstimme des Tonsatzes* aus. Auch fehlt ja ein als Melodie ansprechbarer Orchestervorgang: Harmonien verschieben sich, das ist alles. Wie man aber in chinesischen Märchen die Geister, die *Füchsinnen* daran erkennt, daß sie keine Schatten werfen, so ist hier die außerirdische Existenz des Komturs dargestellt in der Wesenlosigkeit dieser Klänge, die kein Oben und Unten haben, kein irdisches Gewicht, kein Getragenes und kein Tragendes.

Man höre sich in diese Stelle durch vielfaches Singen und Spielen hinein; sie wird dem aufmerksamen Ohr nur noch erschreckender: Heraustretend aus der Sprache der Zeit. Denn erst 100 Jahre später wird diese Technik der Klangbehandlung *Sprache der Zeit* in der Musik Debussys. Diese ersetzt die funktionierende Harmonik durch ein Klangband, das die beteiligten Stimmen nicht differenziert nach Tragenden und Getragenen, sondern umgeben ist von *einer* oben und unten erklingenden Rahmenstimme.

Erlösung

Mißachtung von Gesetzen der Klangbehandlung und der Klangverbindung kann Willenskraft eines Helden oder die Kraft hereinbrechender, sich keiner Ordnung fügender Mächte zum Klingen bringen.

Aber auch Erlösung, Befreiung kann musikalische Gestalt finden im Heraustreten aus allgemein verbindlichem Tonsatz. Wenn tonal entfernte Klänge sich mühelos verbinden, wenn Singstimmen dem Zwang zur Vorhaltauflösung mühelos entgegenhandeln (in Zeiten, die an sich die Herrschaft tonaler Beziehungen und Stimmführungsgesetze respektieren), dann steht Erklingendes an der Schwelle der Erlösung, ist die Tür in eine andere Welt aufgetan. Musik an der Schwelle des Todes.

Zwei Beispiele: Clorinda, vom Geliebten zu Tode verwundet, singt sich in den letzten Takten des ›Combattimento‹ von Monteverdi mit ihrer letzten melodischen Wendung in den ewigen Frieden hinauf; schon ist sie vom irdischen Zwang zur Quartvorhalt-Auflösung befreit:

Aida hat sich mit Radames, ihrem Geliebten, ins unterirdische Gewölbe einmauern lassen. Terzverwandtschaften sind 1870, als Verdi diese Oper schrieb, kein ungewöhnliches Mittel mehr. Wenn aber die momentane Umgebung dieser Stelle, Radames' vorangehendes »Zu sterben, so rein und schön« und der Beginn der Kantilene Aidas »Sieh dort den Todesengel schon« volksliedhaft schlicht in der Sprache klassischer Funktionsharmonik komponiert sind, »öffnet sich des Himmels Tor« bei der unvermittelt eingesetzten Folge terzverwandter Klänge. Hier ihr harmonisches Schema:

HÖHEPUNKT

Leiden — Flehen — Fluchen — Hassen usw.: Emotionelle Kulminationspunkte, vom Librettisten planvoll in den Ablauf einer Opernhandlung eingesetzt (planvoll: deutlich genug voneinander getrennt, um der Gefahr der Inflationierung der Affekte und der Abnutzung der musikalischen Ausdrucksmittel zu entgehen), fordern den Komponisten heraus, an die Grenze des in der Sprache seiner Zeit Möglichen zu gehen.

An zwei Stellen aus ›Fidelio‹ und zwei Stellen aus ›Aida‹ lassen sich bei aller Ähnlichkeit der eingesetzten harmonischen Mittel entgegengesetzte Komponistentypen aufzeigen. Beethovens Singstimmen *drücken aus*, Verdis Sänger *singen*. Beethovens Ausdrucksgesang ist in Gefahr, die Grenze des technisch Möglichen zu überschreiten, Verdis Gesang steht in der Gefahr ausdrucksneutraler anonymer Schönheit.

Die Problematik der Beethovenschen Stimmbehandlung ist hier nicht Gegenstand unseres Interesses. Daß aber schon die unbegleitete Vokalstimme *ausdrückt*, sei an einer Stelle vom Beginn des zweiten Aktes demonstriert.

Florestan im Kerker. »Gott welch Dunkel hier«, hebt sein Monolog an, der das Maß der Leiden demütig in Gottes Entscheidung stellt. Leiden ist in der quasi atonalen Führung der Singstimme eine Ungeheuerlichkeit:

Im harmonischen Ablauf zwei D-tG-Trugschlüsse unmittelbar nacheinander: Äußerstes espressivo im Hinblick auf die einfache vorherige und nachfolgende Kadenzharmonik.

Anders Verdi. Amonasro fleht für die Mitgefangenen um Erbarmen, doch seine F-dur-Melodie weiß nichts vom gesteigerten Ausdruck in der begleiteten Orchester-Harmonisierung. Seine sängerische Intensität ist die schöne Melodie:

Im Orchester beschwörende Klänge von hohem Reiz. Eine überraschende Sprache, gezielt eingesetzt, eine Sprache, die der Angesprochene nicht überhören *kann!* F-dur, E-dur, B-dur (als D^7-Akkord) unmittelbar nacheinander unter einer in F-dur verlaufenden Melodie. Doch diese wird merkwürdig gespannt durch die tragenden Klänge. *E*, der Leitton, ist zugleich momentane Oktave, *F*, die Oktave, ist im Augenblick Quinte eines Dominantseptakkords. Als eine Variante von T $S^{6<}_{5}$ T läßt sich die Stelle interpretieren. Beim Eintritt von $S^{6<}_{5}$ aber ist die Basis *B* noch nicht erreicht im chromatischen Baßgang, vor der Terz *D* steht noch der Quartvorhalt *E*, und die Quinte ist noch nicht im Akkord, sie wird erst vom sich nach oben in die Quinte auflösenden Sopran eingeführt. Dieser vierfache Strebeakkord $S^{{}^4_6<{}^5_8}_{1<1}$ aber *strebt* nun keineswegs, sondern ruht als klangvoller, unerwartet zustande gekommener E-dur-Quartsextakkord (*Auffassungsdissonanz*).

Amneris' Versuch, den Urteilsspruch zu mildern, schleudern Ramphis und die Priester das vernichtende »Er ist ein Verräter, er soll sterben« entgegen. Interessante Parallele zur gezeigten Fidelio-Stelle: Derselbe zweimalige chromatische Anstieg, zwei D-tG-Trugschlüsse. Modell:

Im Gegensatz zur Fidelio-Stelle ist dieser Vorgang eingefügt, fast versteckt in einen harmlosen A-dur-Rahmen der Außenstimmen:

Primat der schönen, plausiblen, glatten Linienführung in Singstimme und Instrument.

Ratlos steht der Betrachter zu Beginn des Quartetts Nr. 14 (›Fidelio‹, 2. Akt) vor dem Wechsel im Tonfall des haßerfüllten Pizarro, der sich Florestan, im Begriffe, ihn zu ermorden, zu erkennen gibt. (»Er soll erst wissen, wer ihm sein stolzes Herz zerfleischt ... Pizarro ... steht nun als Rächer hier«.) Unter der auf alle melodische Schönheit verzichtenden *Beethoven-Singstimme*

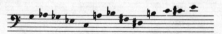

das uns bereits bekannte vielfach bewährte harmonische Modell: Mollquartsext, Dominantsept, verminderter Septakkord über chromatisch steigendem Baß:

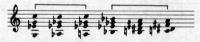

Und plötzlich der unverständliche Wechsel der musikalischen Sprache, während derselbe Text doch weitergesungen wird. Harmlos-flottes D-dur, Buffo-Oper. Auch Florestans »Ein Mörder steht vor mir« klingt in unverbindlichem Kadenzrahmen. Erst der Blick auf den weiteren Verlauf der Szene gibt die

Erklärung. Fünfundzwanzig Takte weiter: »Leonore stürzt mit einem durchdringenden Geschrei hervor und bedeckt Florestan mit ihrem Leib«. Dieser Augenblick, auf den die ganze Opernhandlung hin angelegt ist, bedarf erneut eines harmonischen Höhepunkt-Mittels, das, um wirksam werden zu können, seinerseits der vorangehenden Kontrastfläche bedarf. Im entscheidenden Augenblick bricht eine konventionelle A-dur-Sequenz, sich zum Höhepunkt hin beschleunigend, aus ins Unerwartete: *Eis* (als Terz von Cis-dur) erscheint statt *E* als Basis von E-dur:

Anschließend sogleich wieder Zurücknahme der Sprache ins Übliche, um neun Takte später den Effekt des nächsten unerwarteten Höhepunkt-Augenblicks zu ermöglichen:

Beibehaltenes *Fis* in der Singstimme, zunächst Tonika fis-moll, wird plötzlich umfunktioniert zum Leitton im D^7 von G-dur. Neun Takte Quartett in konventionellem G-dur bis zum neuerlichen Höhepunkt: Leonore singt (»noch einmal ihren Mann bedeckend«) »Töt erst sein Weib« zum unerwarteten Tonartwechsel G-dur–Es-dur (T tG) und so fort.

Die Diskretion der Sprache der Zeit läßt nur *Höhe-Punkte* und kurze Höhenstrecken zu. Ausgedehnte ekstatische Flächen kennt erst die Musik zwischen Wagner und Mahler (woraufhin dann — äußerster Umschlag — im Schaffen Weberns oftmals einzelne Töne als Höhepunkt-Konzentrate zu erleben sind).

Folgen also in klassischen Opern besondere Augenblicke in dichter Folge wie in der besprochenen Szene, muß der Komponist die Intensität der Sprache zwischenzeitlich drastisch zurücknehmen. Und kein Hörer empfindet diese Zurücknahme: Nur die so plastisch herausmodellierten Augenblicke bleiben erregend im Gedächtnis.

Man studiere die ganze Fidelio-Szene; sie ist ein Beispiel für Beethovens klassische Kunst des Maßhaltens.

TONALE GROSSFORM-DISPOSITION

Im ersten Akt von Wagners ›Lohengrin‹ ist der planvolle Einsatz einer eine Stunde Musik gliedernden Harmonik deutlich zu erkennen. Zugleich wird klar, daß hier nicht erst der Komponist, sondern bereits der Textdichter harmonische Ordnung *komponierte*.

In A-dur, der Tonart des Vorspiels, hebt der erste Aufzug an, wendet sich nach vier Takten nach D-dur und nach weiteren vier Takten nach C-dur. »Hier geht der Vorhang auf« vermerkt Wagner beim ersten C-dur-Akkord. Nach viertaktiger Befestigung des C-dur-Raumes spielen vier Trompeten auf der Bühne ohne Begleitung des Orchesters den Königsruf:

Reiner C-dur-Dreiklang erklingt im folgenden Gesang des Heerrufers bei den Worten »Heinrich, der Deutschen König kam zur Statt«, ebenso im antwortenden Chor der Brabanter bei den Worten »Willkommen, König, in Brabant«. Wiederum erklingt der C-dur-Königsruf der vier Trompeten auf der Bühne. König Heinrich wendet sich den Brabantern zu: Unter dem Verbindungston E eine tonzentrale Modulation nach E-dur.

Viele Tonarten berührt des Königs Schilderung von »Drangsals Kunde« und »der Ungarn Wut« zwischen E-dur und as-moll. C-dur ist dabei nur eingesetzt, wenn der Not des Reiches gemahnt wird, sowie am Ende bei den Worten »Was deutsches Land heißt«. Im C-dur-Dreiklang sogleich die Zustimmung der Sachsen und Thüringer »Wohlauf! Für deutschen Reiches Ehr!«

Friedrich Telramund, vom König aufgerufen, vom Geschick

der Kinder des verstorbenen Herzogs von Brabant (Elsa und Gottfried) zu berichten und dem damit verbundenen Grund der »Verwirrung« und »wilden Fehde«, beginnt seinen Bericht, indem sich die Aufmerksamkeit vollkommen abwendet von der bis dahin dominierenden aktuellen C-dur-Thematik des Königsbesuches. C-dur wird ausgelöscht im Durchgangston *Ces*.

Weitgehend zwar, aber keineswegs ausschließlich hält sich Telramunds Vorstellung Ortruds und Klage gegen Elsa in den B-Tonarten auf (Es-dur, Des-dur, es-moll, as-moll usw. bis hin nach Fes-dur), denn auch H-dur und E-dur werden kurz gestreift. Das Vermeiden des C-dur-Dreiklangs beim Passieren der *vorzeichenlosen Zone* aber ist hier wie im gesamten weiteren Verlauf des Aktes zu deutlich, als daß nicht von kompositorischer Strategie gesprochen werden müßte. A-moll, F-dur, G-dur, d-moll, e-moll treten nämlich wiederholt auf.

Alle Männer (*in feierlichem Grauen*) zeigen sich von Telramunds Klage beeindruckt. In seinem Tone, in es-moll, erklingt ihr »Ha, schwerer Schuld zeiht Telramund!«, und des Königs Anordnung, die Beklagte vorzuführen und das Gericht zu beginnen, endet (»Gott laß mich weise sein«) im verwandten As-dur. Und nur mit hörbarer Mühe setzen die Königsfanfaren, endliche Rückmodulation erzwingend, ihr C-dur erneut durch:

C-dur ist Rahmen-Tonalität bei den folgenden Sätzen. Der C-dur-Dreiklang selbst steht bei den kursiv ausgezeichneten Worten, ist also Phraseneröffnung oder -abschluß:

Heerrufer: *Soll* hier nach Recht und Macht Gericht gehalten sein?

König: Nicht eh'r soll bergen mich der Schild, bis ich gerichtet streng und *mild*.

Alle Männer: *Nicht* eh'r zur Scheide kehr' das Schwert, bis ihm durch Urteil Recht *gewährt*.

Etwa ein Viertel des ersten Aktes ist vorüber; Elsas Region

im weiteren Verlauf ist As-dur, Lohengrins Region A-dur, das Finale nach Lohengrins Sieg steht in B-dur. Und nur noch zweimal tritt C-dur auf: Einmal im Königsruf, mit dem zweimal aufgerufen wird, wer bereit ist, für Elsa zu streiten, zum zweiten beim königlichen Signal zum Zweikampf als Gottesgericht.

C-dur ist in diesem Akt also sowohl *Leitmotiv* (Deutsch, König, Reich, Deutschen Reiches Ehr, Recht) als auch Mittel der Aktgliederung, wobei die anfangs engen, sich sodann kontinuierlich vergrößernden Zeitintervalle zwischen den C-dur-Regionen nur den überraschen können, dem die psychologischen Bedingungen der Musik als Zeitkunst noch nicht vertraut sind. (Die in Rondos zu beobachtende Tendenz zur kontinuierlichen Vergrößerung der Couplets im Laufe des Stücks ist in anderer Gattung ein weiterer Beleg für dieselbe Notwendigkeit der Disposition in einer Zeit-Kunst.)

In meinem Klavierauszug geht der erste Akt von Seite 4 bis Seite 106. Hier die Seiten, auf denen die C-dur-Region auftritt:

4, 5, 6, 7, 8, 9,	17, 18, 19,	36, 38, 39,	82, 83.

Die Königsfanfaren selbst erklingen dabei sechsmal, und zwar auf den Seiten

4,   6,   17,   36,   39,   82/83

Zwischen den Fanfaren-Gruppen sind

11 Seiten,   19 Seiten,   43 Seiten!

Natürlich ist das Seiten-Zählen keine exakte Methode, denn Seiten enthalten unterschiedlich viele Takte. Aber auch ein Takte-Zählen bliebe ungenau, müßte doch das wechselnde Tempo einberechnet werden. Aufführungszeit wäre das korrekteste Maß, aber auch sie gilt nur bei je einer Aufführung. Immerhin wird aus dem Dargestellten eine Tendenz deutlich, und mehr ist nicht beabsichtigt.

WAGNER (1857—1882)

Wagner komponierte den ersten Akt des *Tristan* 1857 und brachte in einem Entwicklungssprung die Harmonik weit über den Stand, den Brahms noch 1892 in seinen späten Klavierstücken opus 119 vertrat. Im zweiten Band des Klavierzyklus ›Années de Pèlerinage‹ von Liszt zeigen 1837—1839 entstandene Stücke die Tendenz zur Auflösung der Funktionsharmonik schon so deutlich, daß für Liszt selbst der Weg zu seinen letzten nahezu atonalen Klavierstücken wie der ›Trauer-Gondel‹ von 1882 nicht mehr weit war. Bedenken wir aber zugleich die Entstehungszeit von Donizettis ›Don Pasquale‹ (1842), von Humperdincks ›Hänsel und Gretel‹ (1892), von Dvořáks e-moll-Sinfonie (1893), denken wir an Tschaikowskys Sinfonien, müssen wir jeden Versuch aufgeben, von kontinuierlicher Entwicklung, von Sprache der Zeit zu reden.

War in der Klassik das harmonische Material verfügbar und die Melodik der Bereich der Inspiration, der persönlichen Sprache, so tritt im Werk von Wagner und Liszt die Melodik in den Hintergrund; die *unendliche Melodie* Wagners ist anonym gewordene Melodik. Dagegen ist die Harmonik das Gebiet seiner produktiven Phantasie. Hier entstand unverkennbar und unnachahmbar Personalstil, dessen Übernahme zu unerträglichen Wagnerepigonen führen mußte.

Sprechen wir im folgenden also von Wagner, so sprechen wir nicht von seiner Zeit, sondern von ihm, von seinen persönlichen harmonischen Inventionen.

Kadenzen im atonikalen Raum

Dreißig Takte aus der dritten Szene des ersten Aktes der Oper ›Tristan und Isolde‹, reduziert auf den harmonischen Extrakt des Geschehens.

D_7^{898} in C-dur, die T (19) sogleich als Zwischendominante, die sich nicht auflöst. Der hochalterierte Grundton (20) leitet nach d-moll, das jedoch zunächst trugschlüssig umgangen wird (22), später doch erscheint (23), hier jedoch als Durchgangsakkord. Der chromatische Baßanstieg strebt g-moll an, das durch hinzugefügte Sexte auf d-moll bezogen ist; desgleichen die folgenden Akkorde als $\overset{v}{\mathrm{D}}{}^{v} \mathrm{D}$.

Takt 27: Trugschluß B-dur, sogleich vermollt und als s_5^6 charakterisiert und damit auf f-moll bezogen (28). Der folgende gleichfalls f-moll anstrebende $\overset{V}{\underset{5}{D}}$ wird (Umdeutung von *Des* in *Cis*) als $\overset{V}{\underset{7}{D}}$ nach D-dur aufgelöst, das als D in C-dur funktioniert, gefolgt von $D^{\substack{6\,5\\4\,3}}$. Wiederum Trugschluß: tG As-dur (33), alsbald unterterzt zu f-moll (34). Dessen Dominante wird vermollt und gleichzeitig als $s^{\overset{6}{5}}$ von g-moll charakterisiert.

Dies und die weitere Entwicklung entspricht als Sequenz den Takten ab 27. Diesmal heißt das unerwartete Ziel d-moll (38). Diese Tonalität ist zwar über sieben Takte gedehnt, verunsichert aber durch zweimaliges Unterterzen und die Verdurung in Takt 41, nach der das wiederhergestellte d-moll (*F* im Baß als chromatischer Durchgang) wenig tonikale Glaubwürdigkeit besitzt. Über den Dominantton *A*, der zur Dominantsept und damit auf *E* bezogen wird (45), wird d-moll wieder verlassen.

Einleitung und erster Akt enthalten die Vorzeichen 4♭, 3♭, 2♭, 1♭, kein Vorzeichen, 1♯, 2♯, 3♯. Anfang d-moll, Ende C-dur. Eine Gesamttonart ist nicht erkennbar. Die Tonartbezeichnung des untersuchten Abschnitts reicht von Takt 1 bis 65 der dritten Szene. Voraus geht kurzes eindeutiges D-dur, es folgt in Takt 66 als Vorzeichen ein Kreuz. In diesem Augenblick wird jedoch *Des* erreicht als Ziel eines D⁷-Akkords auf *As*, sogleich umnotiert zu *Cis* als Terz eines A-dur-Sextakkords ...

Die kadenzierenden und modulatorischen Mittel des untersuchten Abschnitts sind nicht neu: Klassische Durchführungstechnik. Dieselbe befand sich aber vormals zwischen einer tonal stabilen Exposition und einer noch stabileren Reprise, während die klassische Oper zwischen stabiler Arientonalität und handelnder Szenenharmonik ausbalanciert war. Jetzt hingegen haben wir es zwar im Detail noch mit klassisch kadenzierenden Akkordverbindungen zu tun, befinden uns aber im Großen bereits in einem zentrumlosen, atonikalen Raum. (Vergleiche Tendenzen bei Schumann!)

Aufgabe: Man untersuche den weiteren Verlauf der Szene auf:

a) Kadenzen, die ihre Tonika erreichen,

b) Kadenzen, die dieselbe trugschlüssig umgehen, und stelle die Ausdehnung von auf eine Tonart beziehbaren Flächen fest.

INTERPUNKTION DER DICHTUNG

›Parsifal‹, zweiter Akt, unmittelbar nach dem Verschwinden der Blumenmädchen.

Parsifal:

Zusammengehörige Wortgruppen werden von Wagner in einem tonalen Raum gehalten. Diese Anmerkung ist umkehrbar: Die Wechsel der tonalen Bereiche der Singstimme sind so plaziert, daß dadurch die Dichtung wie durch eine klingende Zeichensetzung in kleine Einheiten gegliedert wird. Übrigens wären die tonalen Einheiten bei Berücksichtigung des Orchestersatzes noch kleiner; die Singstimme, aus deren wenigen Tönen ja nicht immer eindeutige Klänge resultieren, läßt eine großräumigere Deutung zu.

Sind die tonalen Abschnitte nicht durch Pausen getrennt, findet man den neuen Bereich oftmals auf behutsame Weise leittönig eingeführt, was einerseits den Übergang plausibel macht und zugleich die Sanglichkeit unterstützt.

Im folgenden Beispiel — Klingsors erste Worte im zweiten Akt ›Parsifal‹ — sind fünf leittönige Wechsel der Regionen markiert:

Klingsor:

Aufgabe: Zur Überprüfung der These von der größeren Überzeugungskraft des Weges und seiner Sanglichkeit schreibe man einstimmige, tonale Übergänge mit und ohne Leittonverbindung. (Sinnvoll sind derartige Studien allerdings nur unter der Voraussetzung, daß sie nicht mehr sein wollen, nur Studie, nicht Komposition im Wagnerstil!)

Z. B. Aufgabe: Übergang von C-dur nach Des-dur.

a) leittönig legitimiert, sanglich:

b) ohne Leittonverbindung, nicht überzeugend und außerordentlich schwer singbar:

FUNKTIONSFREIE VIERKLÄNGE MIT LEITTONVERBINDUNG

Der Stil des späten Wagner sei an vier Stellen aus ›Tristan und Isolde‹ und ›Parsifal‹ (1882) untersucht.

1. Tristan, 1. Akt, 5. Szene (Isolde reicht Tristan den Sühnetrank).

2. Tristan, 2. Akt, 2. Szene (zwischen Brangänes »Einsam wachend in der Nacht« und ihrem »Habet Acht! Schon weicht dem Tag die Nacht«).

3. ›Parsifal‹, Anfang des 2. Aktes, Kundrys erster Einsatz.

4. Wenige Takte später.

I. Konsonante Klänge — in den Beispielen bezeichnet mit K — finden sich kaum noch; Viertonakkorde beherrschen den Tonsatz. Nur in 2 erklingt ein a-moll-Sextakkord, sogar stabilisiert durch vorherige Dominante. Im übrigen nur drei Konsonanzen von Achteldauer in Beispiel 4, wobei es sich im dritten Takt beide Male um durchgehende Konsonanzen handelt, *entschuldigt* in der Weise, wie es vordem bei Durchgangsdissonanzen erforderlich war. Nur im ersten Takt von 4 kann man das letzte Triolenachtel im herkömmlichen Sinne als Dissonanzauflösung hören.

In solcher Klangwelt revidiert das Ohr seine Auffassung vom Quartsextakkord, faßt auch ihn als *relative Konsonanz* auf (in Beispiel 3 bezeichnet als K?), wenn er nicht, wie im vorletzten Takt von 3, in traditioneller Manier als dissonanter kadenzierender Quartsextakkordvorhalt behandelt wird (was der Hörer erst durch den Folgeklang erfährt).

II. Bei den Vierklängen ist die Vermeidung scharfer Dissonanzen (kleine Sekunde, große Sept) auffällig. Der Satz wird bestimmt von Schichtungen von zwei bis drei kleinen, und nicht mehr als einer großen Terz.

Ergänzungsintervall zur Oktave:

        kleine Terz gr. Sekunde gr. Sekunde gr. Sekunde

Bezeichnung der Klänge in den Beispielen: 1   2   3

Mögliche Funktionsbezeichnungen: $\mathfrak{D}^{V}$ s_6^5 $\mathfrak{D}^9$ S_6^5 D^7
                      $\mathfrak{D}^{9>}$ $\mathfrak{D}^7$ $t^7 s^7 Tp^7$

$>$ = kleine Terz, $\sqsupset$ = große Terz.

Je eine chromatische Veränderung (........) führt von Klang zu Klang. Alle vier Klänge treten auch in Umkehrungen auf, falls man so überhaupt noch formulieren soll. Denn welcher Ton bei Akkorden der Gruppen 1, 2 und 3 ist Grundton? Bei 1 entscheidet die Notation, die jedoch oft genug von Rücksichten der Stimmführung diktiert wird; bei 2 und 3 gibt es widersprechende Deutungen hinsichtlich der Basis. In diesen Akkorden können bei funktioneller Interpretation mehrere Töne Funktionsgrundton sein. Im Beispiel *H*, *D* und *G*.

Liegenbleibende Töne und leittönige kleine Sekundschritte dominieren bei der Verbindung dieser Klänge. Unter Beispiel ☐2 ist dies eigens notiert, trifft aber allgemein zu. Man hüte sich jedoch vor übertriebener Interpretation dieses Faktums, denn nicht-leittönige Verbindungen dieser Klänge sind nicht möglich! Bei kleinen Terzen wird nun einmal jeder Ton im Zwischenraum leittönig erreicht, und da diese vier Klangtypen nur je eine große Terz enthalten, kann ein Folgeklang höchstens einen nicht leittönig erreichten Ton enthalten: Den in der Mitte der großen Terz gelegenen!

Ich warne deshalb vor beiden möglichen Thesen:

a) Wagner bevorzugte diese Viertonklänge und erreichte dadurch die totale Leittönigkeit seines Satzes.

b) Wagners Streben nach leittöniger Verbindung der Klänge führte ihn zur Bevorzugung der hierzu besonders geeigneten Vierton-Terzschichtungen.

    III. Alle vier Klänge entstammen dem Vokabular der klassisch-romantischen Musik und sind (abgesehen von den konsonanten Klängen) deren wichtigste Funktionsträger. Daß ihnen indessen in Wagners Musik eine veränderte Rolle zukommt, ergibt sich aus der Analyse ihrer Fortschreitung. Als D^7, S^6_5, s^6_5 oder $\mathfrak{D}^V$ aufgelöst werden sie nämlich verschwindend selten. Eindeutige Fortschreitungserwartung vermittelt lediglich der D^7 angesichts der Mehrdeutigkeit der drei anderen Klänge.

Werden nun alle vier Klänge gleichermaßen entgegen tradierter Praxis weitergeführt, kann sich deshalb bei unerwarteter D^7-Fortschreitung am deutlichsten die Empfindung des Betruges einstellen.

Was ein Trugschluß sei, definieren die Harmonielehren unterschiedlich. Deshalb hier einmal der Versuch einer Systematik:

1. Engste Definition: Leitton → Tonika in der Oberstimme mit der Akkordfolge Dominante — Tonikavertreter.

2. Weitere Auffassung: dieselbe Funktionsfolge, der Leitton muß aber nicht in der Oberstimme liegen.

3. Noch weitere Auffassung: Leitton Tonika in der Oberstimme, darunter ein beliebiger Klang.

4. Ähnliche Verbindungen, wobei Leitton → Tonika nicht in der Oberstimme liegt.

5. Im weitesten Sinne: Jede Fortschreitung eines D^7, die den Tonikaton nicht enthält.

6. Schließlich Fortschreitungen, die den Leitton gar nicht verlassen.

$D^7 \quad (D_3^7)\,Tp$

4., 5. und 6. erfüllen die Hörerwartung nicht, täuschen den Weg zur Tonika aber auch gar nicht vor, betrügen also nicht. Trugschluß als vorgetäuschte Schlußkadenz liegt demnach am deutlichsten bei 1. und 3. vor, weniger deutlich schon bei 2. Entscheidend ist aber die Stellung der Akkordfolge im Kontext; man soll doch nicht jeder D^7—T-Folge Schlußabsicht unterstellen! Und Schlußbetrug kann sich nur ereignen in einer Musik, die nicht *ständig* betrügt.

Umgangene Tonika ist aber beim späten Wagner die Norm, erreichte Tonika die Ausnahme. So enthalten unsere Beispiele nur eine einzige D_5^7-t₃-Folge (→), aber fünf *Trugschlüsse* der Gruppe 1. und 3., bezeichnet mit ↝, während alle übrigen D^7-Akkord-Fortschreitungen zu den im weitesten Sinne trugschlüssigen Wendungen der Gruppen 2., 4., 5. und 6. gehören.

Man sollte also lieber von Trugschluß gar nicht mehr sprechen und demnach beim Viertonklang 4, dem Durdreiklang mit kleiner Sept, auch nicht mehr von Dominantfunktion. Keiner Musik von Rang kann unterstellt werden, sie wolle als ständiges *vermeiden von* gehört werden, als ständiger Betrug eines eigentlich Gemeinten; es muß doch, was in ihr bevorzugt geschieht, als ihre eigene Norm anerkannt werden. Ich persönlich (und hier sollte jeder seinen eigenen Standpunkt finden) würde an keiner Stelle unserer Beispiele von Trugschluß sprechen.

Untersuchen wir Wagners Behandlung der anderen drei Vierklänge.

[1], 2. Takt: Durch Halbtonschritt entsteht ein verminderter Septakkord, durch Halbtonschritt einer anderen Stimme wird er wieder verlassen.

[3], 8. Takt: *Gis* müßte aufwärts, *D* und *F* abwärts streben im verminderten Septakkord *Gis—H—D—F*. Nur *D* wird korrekt behandelt und nach *Cis* geführt, *F* bleibt liegen und *Gis* wird abwärts *verführt* nach *G*.

Zwei Takte später: *Cis* müßte aufwärts, *G* und *B* abwärts streben. *Cis* wird korrekt behandelt, *G* und *B* werden aufwärts verführt nach *Gis* und *H*.

Man wird auch bei Analyse der Fortschreitung von Klängen der Gruppen 2 und 3 feststellen, daß korrekte Behandlung im Sinne einer s_5^6, S_5^6, $\cancel{D}^7$ oder eines Mollseptakkords höchst selten stattfindet und die Strebetöne meist verführt werden: Der Akkord im 2. Takt von ③ ist eben weder $D-F-As-C$, also $\text{\textsf{D}}^7$ in Es-dur, noch $F-As-C-D$, $s\,{}^6_5$ in C-dur oder -moll.

Angesichts der vorliegenden Fortschreitung läßt sich mit einiger Mühe als funktionelle Interpretation nur zaubern: $Eis-Gis-H-D$ als $\text{\textsf{D}}^V$ bezogen auf Fis-dur, wobei H hochalteriert ist zu His: $\text{\textsf{D}}^V_{7,\,5}{}^<$. Aber was hat dergleichen Gehirngymnastik mit Wagners Musik zu tun?

IV. Die vier aus früherer Musik bekannten, dort meist durch eindeutige Strebigkeiten ausgezeichneten Klänge sind freies Klangmaterial geworden; ihre Folgeklänge können nicht mehr erwartet, vorausgehört werden. Ehemals in ihrer Auflösungsrichtung klar definierte Strebetöne *streben* nicht mehr. Die in den Klängen enthaltenen Dissonanzen sind nicht mehr wie ehemals charakteristisch für S- und D-Funktion.

Gemeinsam ist allen vier Klängen der milde Dissonanzgrad. Erklingen schärfere Dissonanzen wie große Sept, kleine None oder kleine Sekunde, werden diese stets im Sekundschritt weitergeführt und in Klänge milderen Dissonanzgrads aufgelöst. In den Beispielen sind Vorhaltbildungen mit V bezeichnet.

①, erster Takt: Kleine None $G-As$. As wird nach oben aufgelöst ins A und das folgende zu H scharf dissonierende B ins H.

①, 4. Takt: Singstimme und Orchester enthalten mit Dis und F scharfe Dissonanzen zu E und lösen beide ins E auf.

Die fünf letzten Takte von ③ bringen in der Orchesteroberstimme scharfe Dissonanzen, die teils abwärts (große in kleine Sept, kleine None in Oktave), teils aufwärts (kleine in große None, große Sept in Oktave) aufgelöst werden.

Bei scharfen Dissonanzen kann man also durchaus noch im tradierten Sinne von Vorhalten sprechen, wenn auch die Auflösungsrichtung nicht mehr reglementiert ist. Verwirrend wird das Klangbild nun aber dadurch, daß auch die übrigen den Tonsatz bestimmenden Sekundschritte Vorhaltauflösung suggerieren. Daß dabei bei Wagner der Effekt der Dissonanzgrad-Milderung entfällt, kann als Gegenargument nicht zählen, sind doch seit der Bachzeit (siehe Septakkord-Quintfallsequenzen) Auflösungen in wiederum dissonante Klänge bekannt. Man ist also sowohl geneigt, alle Sekundschritte als Vorhaltauflösung aufzufassen, und ist zugleich geneigt, in entgegengesetztem Sinne vom Vorhalt-Denken gänzlich Abstand zu nehmen.

V. Beispiel ①, Takt 2: E und B, Dominantterz und -sept, werden verführt entgegen ihrer tradierten D^7-Strebigkeit. Zunächst aber benimmt sich der stabilste Ton des Klanges, das Akkordfundament C, wie ein Vorhalt und löst sich auf nach Des. Durch Fortschreitung des E nach Es entsteht auf dem letzten Achtel des Taktes der D7 Des–Es–G–B, wobei sich ausgerechnet der dissonante Ton Des das Verhalten eines Fundamenttones leistet und mit großem Absprung seine Stabilität demonstriert, während die drei konsonanten Töne leittönig geführt werden. Abwärts strebt das D7-Fundament im drittletzten Takt von ③.

②, erster Takt: Zwischen F und Gis hat G auf dem letzten Viertel in der Mittelstimme die Wirkung eines Durchgangstones, obwohl es sich um den Fundamentton von G-dur handelt.

Stellen wir somit fest, daß konsonante und dissonante Töne der Akkorde jetzt gleich behandelt werden, treffen wir die Wahrheit noch nicht. Denn wer ist in solchem Tonsatz dissonanter Ton? Es schwindet der herkömmliche Unterschied zwischen eigentlichen und zusätzlichen Tönen. Nicht ein einem konsonanten Klang hinzugefügter Ton stellt die Dissonanz her, bleibt unfrei und hat sich entsprechend zu verhalten und aufzulösen, sondern der Wagnersche Viertonklang ist eine Klangeinheit aus vier gleichberechtigten und gleich zu behandelnden Tönen geworden, deren keiner mehr einem Grundklang hinzugefügt ist.

VI. Leittöne strebten dereinst zur Tonika, die Dominantsept strebte zur Auflösung abwärts, die für die Subdominante charakteristische Sekunddissonanz aus Quinte und Sexte strebte zur Auflösung in die Terz (entweder $S_5^{\overset{6}{}}$ D oder $S_5^{\overset{6}{}}$ $D_4^{\overset{6}{}}$). Fast alle Töne des Wagnerschen Satzes leiten, es fehlt ihnen aber die für frühere Leittöne charakteristische Voraushörbarkeit des Ziels. Erst im nachhinein weiß man, welche Töne eines Wagnerschen Vierklanges als Leittöne hatten gehört werden sollen; Strebetendenzen lassen sich erst nach Anhören eines zweiten Akkords in den ersten hineinprojizieren, werden in diesem selbst nicht erkennbar. Der Hörer hört dieser Musik zu und hört ihr nach, kann nicht mehr der »aktiv synthetische« (wie Besseler formulierte in seiner lesenswerten Schrift ›Das musikalische Hören der Neuzeit‹) gleichsam mitkomponierende Beethoven-Hörer sein.

Die Situation ist natürlich sogleich anders, der älteren Musik wiederum näher, bei Sequenzbildungen, die in Wagners Musik einen ganz entscheidenden Platz einnehmen und deren Sinn aus der Kompliziertheit des Tonsatzes deutlich zu werden vermag. (Siehe die in der kleinen Terz fallende Sequenz in ③ und die Quintfallsequenz am Anfang von ④.)

Hier stellt sich für den Hörer die Möglichkeit des momentanen Vorauswissens natürlich wieder ein, desgleichen beim Wiederauftreten der sogenannten *Leitmotive,* sofern diese nicht in der Harmonisierung verändert wurden. Sequenz- und Leitmotivtechnik geben dem Hörer zurück, was ihm die Unvorhersehbarkeit der revolutionären Harmonik genommen hat. Mag die Harmonik im einzelnen unentwirrbar scheinen und die Vielzahl der Leitmotiv-Wiederaufnahmen unerträglich, das eine zu kompliziert, das andere zu primitiv: Eines ist dem anderen das notwendige Gegenüber, und hier wie stets beruht das Geheimnis künstlerischer Sprache in der Balance zwischen der Langeweile des Abgedroschenen und der Langeweile des Unentwirrbaren.

Der Tristan-Akkord

Eines der sieben Kapitel des umfangreichen Werkes ›Romantische Harmonik und ihre Krise in Wagners Tristan‹ von Ernst Kurth (1919) trägt die Überschrift: ›Der erste Akkord‹. Gegenstand ist der sogenannte *Tristan-Akkord,* dem gewiß ein umfangreicheres Schrifttum gewidmet ist als je einer anderen Neuerung der Harmonik. Angesichts der Widersprüche der Deutungen dient es der eigenen Urteilsbildung des Lesers wohl am besten, die wichtigsten und interessantesten Analysen zu zitieren.

Ernst Kurth: Die Grundform dieser ersten Kadenz ist: H^7-E^7, also eine dominantische Kadenz (deren Ausklang selbst der Dominantakkord der Vorspieltonart a-moll ist). Die Folge dieser Klänge erfährt hierbei Durchsetzungen mit chromatischen Nebentoneinstellungen: Die Quint *Fis* des Akkords *H—Dis—Fis—A* (tiefste Stimme) erfährt eine Schärfung der (gegen das nachfolgende *E* gerichteten) melodischen Spannung, indem sie gleich in der erniedrigten Form *F* im Akkord erscheint. Das *Gis* der Motivoberstimme tritt mit der Spannkraft einer frei eintretenden chromatischen Nebentoneinstellung zum Akkordton *A* in den Klang ein; bei der Auflösung erscheint mit dem chromatischen Durchgang *Ais* vor dem *H* noch eine vorhaltsartige Chromatik im neuen Akkord. (Daß überhaupt auch sonst die chromatischen Stimmführungen vordringen, beweist hier z. B. die Führung der Stimme *Dis—D*.)

Harmonielehre von Rudolf Louis und Ludwig Thuille (1907): Dagegen ist es bei dem in gleicher Weise zusammengesetzten berühmten Akkord zu Anfang des Tristan-Vorspiels richtiger, das *Gis* der Oberstimme so aufzufassen, wie es tatsächlich gehört wird: nämlich als (frei eintretenden und aufwärtsführenden) Vorhalt, der Akkord selbst wird also nicht zur VII. Stufe (und damit zur Dominante), sondern zur II. Stufe (und damit zur Unterdominante) gehört:

in a-moll II (IV)   Schema: II   V
nicht VII(V)

Karl Mayrberger (1878): Der Anfangsakkord ist ein Zwitterakkord, dessen Ton *F* aus a-moll und dessen Ton *Dis* aus e-moll stammt ... Unter Zwitterakkord versteht der Verfasser dasselbe, was man früher unter alterierten Akkorden und jetzt unter Akkorden des erweiterten Mollsystems versteht. Daß die erstere Benennung die zutreffendere sei, geht daraus hervor, daß ein solcher Akkord rein weder der einen noch der anderen Tonart angehört, daher wirklich etwas Zwitterhaftes an sich hat.

Alfred Lorenz (1926): Man macht sich den Bau des Hauptthemas am besten klar, wenn man je zwei Takte zu einem Großtakt zusammenfaßt, das Ganze gleichzeitig aus dem so entstehenden $\frac{12}{8}$-Takt in $\frac{4}{4}$-Takte schematisiert (das gleiche macht, wie mir später bekannt wurde, Johannes Schreyer..., setzt aber die Taktstriche anders, wodurch die dynamischen Akzente der Hauptmotive in die Mitte der Takte fallen...) und die Akkorde von allen Vorhalten und unwesentlichen Tönen befreit, so nur ein ganz rohes harmonisches Gerippe wiedergebend. Da entsteht dann folgendes Bild:

T   S D   (S D)[T_p]   (D) D

Wir sehen hier also in jedem geraden Großtakt einen schweren Takt mit weiblichem Halbschluß. Nach dem sechsten Großtakt tritt eine wirkliche Fermate ein, genau an der Stelle, wo von altersher in tausend und abertausend Melodien ein Halt gemacht wird . . . Der ganze Bau des Hauptthemas ist also von phänomenaler Einfachheit.

Horst Scharschuch (1963) ›Gesamtanalyse der Harmonik von Richard Wagners Musikdrama Tristan und Isolde‹. Takt 1: Molltonika *A* mit fünf Achtel langem, oberen Halbtonvorhalt zur Quinte *E*. Takt 2: *Gis* kann als unterer Halbton zu *A* gehört werden, wodurch sich die 2. Dominante über *H* mit tiefalterierter Quinte *F* und der Septe *A* ergäbe; diese 2. Dominante löst sich zur 1. Dominante E^7 auf. Die Töne *F·H·Dis·Gis* bilden aber in ihrem Zusammenklang den sogenannten *Tristan-Akkord* in der traditionellen Gestalt eines Moll-Unterdominant-Sextakkordes, hier *Gis—H—Dis—Eis* oder *F* statt *Eis*.

Dieser Klang tritt im Laufe der Oper oft auf, und das Ohr gewöhnt sich so an den Vorhalt, daß man schließlich den Ton *Gis* nicht mehr als unteren Halbton-Vorhalt zu *A*, sondern als Klangbestandteil zu *F—H—Dis* hört. Hierdurch wird dieser Akkord zu dem Doppelleittonklang von E-dur, d. h. die Töne *Gis* und *H* sind in diesem Falle 3 und 5 von E-dur, die Töne *F* und *Dis* aber die beiden zur 1 *E* tendierenden Leittöne von oben und unten. In diesem sich im Verlaufe des Werkes oft wiederholenden Spezialfalle wird *Dis* in Takt 3 nicht aufwärts zur 1 *E*, sondern abwärts zur 7 *D* geführt, wodurch eine Septparallele *F Dis—E D* mit starker Dissonanz-Wirkung entsteht.

Es findet hier, vom modernen Standpunkt gehört, infolge der Funktionsänderung des Tones *Gis* aus dem unteren Halbton-Vorhalt zu *A* in die 3 *Gis* von E-dur eine Funktionsänderung des gesamten Klanges statt, der von einer 2. Dominante zur 1. Dominante in *A* wird. Diese Funktionsänderung bringt eine Verarmung der Kadenz und eine Verwischung des Funktionsbewußtseins mit sich, weil ja die 2. Dominante durch den Doppelleittonklang von *E* ersetzt wird.

Nach der alten Hörweise hieß es: Molltonika, 2. Dominante, 1. Dominante in a-moll. Nach der neuen muß es lauten: Molltonika, 1. Dominante als Doppelleittonklang, 1. Dominante in a-moll.

Ende der Zitate. (Im letzten wurden einige zu spezielle Bezeichnungen, die der Erklärung bedürften, in allgemeinverständliche verwandelt.) Berichten wir noch, daß der erste Akkord von Kistler als 7. Stufe von a-moll (*Gis—H—D—F*) mit hochalteriertem *D* zu *Dis* aufgefaßt wird (wobei *Gis* also Akkordton, nicht Vorhalt ist), von Jadassohn interpretiert wird als 7. Stufe von fis-moll: *Eis—Gis—H—Dis*. Dabei ist bemerkenswert, daß Jadassohn jedem der vier Melodietöne *Gis, A, Ais* und *H* eine andere Akkorddeutung zuteil werden läßt.

Der erste Akkord ist also VII in a-moll, VII in fis-moll, subdominantisch in A, doppeldominantisch gemäß der heute verbreitetsten Deutung als $\mathrm{D}\genfrac{}{}{0pt}{}{6\,7}{5>}\ \mathrm{D}\genfrac{}{}{0pt}{}{7}{4<5}$, Dominante in Form eines Doppelleittonklanges ...

Nach unserer zuvor gegebenen Bezeichnung der bevorzugten Vierklänge Wagners wird übrigens der zweite Takt für die Dauer von fünf Achteln bestimmt von einem Klang der Gruppe 2 mit anschließendem Durchgang im Diskant, dem im dritten Takt ein Klang der Gruppe 4 mit Vorhalt folgt.

Erwähnenswert noch Kurths Erkenntnis der Ruheklang-Wirkung des Zielakkords, der allgemein und zu gedankenlos als *Dominante* bezeichnet wird wegen der kleinen Sept, die einst Charakteristikum für Dominantfunktion war, woraufhin der erste Akkord als Doppeldominante erklärt wird. Kurth führt nämlich aus, daß Septakkorde in dieser neuen Umgebung gespannter Klänge »technisch wie der Wirkung nach zu einer Stellung vorrücken, wie sie früher nur konsonanten Dreiklängen zukam«.

Expressivität der Vorhalte

Die gesamte Musik des späten Wagner funktionell deuten zu wollen ist verbohrt. Die schnelle Bereitschaft, Funktionalität gänzlich über Bord zu werfen, geht indessen auf der anderen Seite an der Sache vorbei. Man darf nicht vergessen, daß es auch im Tristan wie im Wagnerschen Spätwerk weite Strecken gibt, denen einfache Kadenzzusammenhänge zugrunde liegen. Abgestandenheit wird in dem Falle vermieden durch verfeinerte Kunst der Vorhalte (vorbereitet wie vor allem frei).

Dazu ein Beispiel gegen Ende der dritten Szene des ersten Aktes Tristan. Brangäne schickt sich an, Isolden »den hehrsten Trank« anzuempfehlen. »Sie nähert sich schmeichelnd und kosend Isolden«, steht über diesem Zwischenspiel Brangänes, die in dieser Szene um eine einfache Lösung bemüht ist.

Alle Vorhalte sind eingekreist. F im dritten Takt ist natürlich auch freier Vorhalt und macht keine Dp aus! A im vierten Takt — zwar als Wechselnote gesetzt, dennoch auf der schweren Zeit als Vorhalt zu hören — schafft Probleme. Dominante mit hochalterierter Quinte im Baß anzunehmen, wäre gleichfalls eine Möglichkeit. Auch das F der Oberstimme wäre dann akkordeigen.

Doch scheint mir der ebenmäßige Fluß jeweils **zweitaktiger** Funktionen Argument genug für tonikale Interpretation. Im 5. Takt wird die Subdominantquinte durch unteren und oberen Vorhalt bis zur letzten Achtel des Taktes vorenthalten. (Theoretisch wäre hier möglich, D–F–AS–Ces, besser noch F–As–Ces–$Eses$ als $\mathcal{D}_5^V$ in Ges-dur als verminderten Septakkord zu deuten, doch würde dadurch wiederum die übergeordnete Ruhe der Großkadenz in Zweitaktphasen zerstört.)

Das Zusammentreffen einfachster Kadenzzusammenhänge und kadenzferner Flächen in konsequenter Vierklangharmonik vermag den Hörer zu entgegesetzten Reaktionen zu bewegen:

a) Die immer wieder einmal sich in Erinnerung bringende einfache Kadenzharmonik legt nahe, komplizierte Vierklangstellen als ihre letzte Steigerung ebenfalls noch funktionell aufzufassen.

b) Gerade die schlichten Passagen kadenzierender Harmonik reißen die Kluft auf, machen deutlich, wie weit die atonale Vierklangwelt der Tonalität entrückt ist. Durch den komponierten Kontrast erst wird deutlich, daß der Bereich der Vierklangharmonik nicht mehr funktionell erfaßt werden will.

MODELL EINER ANALYSE

Welche Möglichkeiten bleiben, funktionsharmonischen Zusammenhängen entzogene harmonische Ereignisse zu diskutieren? Ich rate zu umfassender Analyse und warne vor reiner Akkordfolge-Untersuchung.

T S$_5^6$ D$_3^7$ D$_{43}^{65}$ T ist tausendmal als harmonischer Weg gegangen worden, läßt sich von konkreten Situationen abstrahieren, ist als Zeichenfolge sinnbesetzt, und die Ergebnisse einer mit T S$_5^6$ TD^7 TD$_7$ T$_3$ D$_5^7$ T einerseits, mit T S$_5^6$ D$_3^7$ D$_{43\ 7}^{65}$ (D$_3^7$) S D$_3^7$ D (D$_3^7$) Tp S^6 D^{87} T andererseits vergleichenden

Analyse dienen, wiederum auf den konkreten Fall bezogen, der tieferen Erkenntnis musikalischer Gestaltbildung. Wagners Harmonik dagegen ist ein *je einmal*, ist text- und situationsbedingt, ist die Erfindung selbst und nicht übertragbar, deshalb auch nicht reduzierbar von Komposition auf Tonsatz, ist nicht abstrahierbar.

Versuchen wir deshalb die Gesamtanalyse von 22 Takten aus dem zweiten Akt ›Parsifal‹.

Parsifal erfährt durch Kundrys Bericht von seiner Schuld am Tod seiner Mutter und sinkt bei Kundrys Füßen nieder. Wagners Szenenanweisung »furchtbar betroffen« und »schmerzlich überwältigt« ist in diesen 22 hochexpressiven Takten deutlich auskomponiert. Schon die Führung der Singstimme ist weit entfernt vom soeben gehörten nahezu volksliedhaften G-dur, mit dem Kundrys Bericht quasi Siziliano anhob:

Dieser Bericht weitet sich sodann in der Tonalität immer mehr aus und belebt sich zugleich in der rhythmischen Gestalt, kehrt zum Schluß jedoch rhythmisch wie in der eindeutig tonalen Kadenzierung ($\text{\textflat}^{\text{v}}$) Sp $\overline{\underset{3}{\overset{5}{1}}}>$ D^7 T zur Ausgangssituation zurück, wodurch sich Parsifals Ausbruch dem Hörer um so drastischer mitteilt.

Bei aller rhythmischen Variabilität vermittelt die Singstimme doch den Eindruck einer geschlossenen Affekteinheit, eines einzigen Aufschrei. Dies wurde dadurch erreicht, daß die meisten melodischen Figuren Varianten eines synkopischen Zweitonmotivs sind:

Und sämtliche nicht diesem Modell verpflichteten rhythmischen Bildungen sind in sich durch Entsprechungen formal gebunden:

Die tonalen Regionen wechseln in der Singstimme mit zunehmender Geschwindigkeit und verlassen gegen Ende drastisch die bei Wagner sonst häufig zu beobachtende Technik unauffälliger leittöniger Übergänge. Vielmehr werden neue Regionen unvermittelt angesprungen:

Aber auch die anfängliche Simplizität ist nur scheinbar: Wiederkehrende Töne sind durch veränderte Orchesterklänge nicht mehr dieselben. Aufgrund des vorangegangenen ist *D*, Einsatzton des Sängers, fraglos Oktave, wurde aber soeben umfunktioniert zur Sexte über *F*. Und ist das erste *As* Terz über *F*, so ist das zweite *As* verminderte Sept über *H* usw.

Einmal hat Wagner dem Sänger die Umdeutung desselben deutlich notiert:

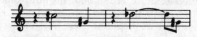

Cis, unaufgelöster Sextvorhalt vor der Quinte im D^7 auf *E*, wird bei der Wiederholung kleine None über *C*. Der Ton *D*, eindeutig Tonika nach der Kundrys Bericht abschließenden Kadenz, wird vom Orchester — in einer der Technik des 20. Jahrhunderts vorwegnehmenden Weise — rhythmisch mit Spannung aufgeladen und unvermittelt — je nach Auffassung — Grundton eines D^7 ins Es-dur bzw. Sexte seines $s^{\frac{6}{5}}$ in c-moll.

Mit diesem Klang beginnt eine Fläche von Viertonklängen, die sich funktioneller Interpretation entziehen. (In den Noten sind die vier in Wagners Spätwerk bevorzugten milddissonanten Vierklänge mit 1, 2, 3 und 4 bezeichnet.)

Spätestens in Takt 5 ist das Verlassen des Funktionsbezugs unbestreitbar: Für sich genommen wäre dieser Wagnersche Viertonklang der Gruppe 2 denkbar als s^{6}_{5} auf *As* (in es-moll also) oder als $\hat{D}{}^{7}$ in Ges-dur, man könnte ihn aber aufgrund des vorangegangenen Taktes gleichfalls auf c-moll beziehen als verminderten Septakkord mit unaufgelöstem Vorhalt $\hat{D}{}^{V\,4\,(3)}_{\;\;\;5}$. Wenn ein Akkord aber nach es-moll, Ges-dur und c-moll gleichzeitig tendiert, ihm aber E^{9}_{7}, bezogen auf a-moll (das nicht erscheint) folgt, sollte das Ohr auf weitere funktionelle Hörerwartung verzichten.

Die Klanggruppe 2 stiftet Zusammenhang an dieser Stelle durch auffallend häufigen Einsatz und erreicht mit klanglichen Mitteln, was in der Singstimme das durchgängige Synkopen-Motiv schafft. Der erste Klang in Takt 6 und Takt 9 steht außerhalb der Vierklang-Gruppe. Beide Klänge ermöglichen eine funktionelle Deutung: Takt 6 als D^{9}_{7}, Takt 9 als $D^{7\,6}_{6-5}$.

Dadurch, daß Wagner in beiden Fällen die unerwarteten Töne *auflöst* (in Takt 6 nicht Sept und None, sondern den Grundton *E*, der nach *D* fällt, in Takt 9 bleibt der Sextvorhalt unaufgelöst liegen und drängt seinen Auflösungston, die bereits mit ihm zusammen klingende Quinte *H*, nach *B* herab), wird der Kadenzbezug neutralisiert. Dasselbe in Takt 14–15: Takt 14 als $s^{5-}_{}$ in f-moll aufzufassen, wird unmöglich durch die Fortschreitung *G–Ges* als erste Stufe einer Klangrückung, die sich in Takt 16 vollendet und in Takt 17 nochmals fallend wiederholt.

In Takt 6 taucht ein erster Fünftonakkord auf, dessen scharfe Dissonanz der kleinen None terzgemildert ist. Wesentlich schärfer die ungemilderte große Sept im Fünftonklang Takt 9, dem in Takt 10 nochmals ein scharf dissonanter Fünftonklang folgt. Nach diesem Höhepunkt der Dissonanzspannung ist der Kontrast des Durdreiklangs in Takt 11, der durch dreifachen Vorhalt (nochmals scharf dissonant: *E–F*!) verzögert wird, um so größer. Erst in Takt 11 übrigens wird vom Hörer der Spannungsgehalt der Singstimme in Takt 10 nachträglich erlebt, hatte man doch *Des–As* (→ *G*) annehmen müssen; eine gedrängte Fülle der Ereignisse, die dem Abschnitt Takt 9–11 Höhepunktwirkung verleiht.

F erhält durch Wiederholung der Kadenz und nochmalige

Variante mit Mollschluß den Charakter einer Tonika, deren Herrschaftsbereich überdies durch Orgelpunkt verdeutlicht ist:

Jede tonale Wendung legt nahe, das ihr folgende *mit denselben Ohren* zu hören. Dies ist hier in Takt 13 durchaus möglich:

(Nur das 3. Viertel wendet sich d-moll zu, dies dürfte aber vom Hörer übersprungen werden; für ihn ist *F* im letzten Viertel gewiß noch dasselbe *F* wie zu Taktbeginn.) Die anschließenden Rückungen neutralisieren sodann die Sixte-ajoutée-Wirkung und den tonalen Bezug der Klänge, bis in Takt 20 die D_7^9 T-Kadenz in Ges-dur wieder ein kurzes tonales Feld zu schaffen scheint. (Die kleine None liegt diesmal nur im Orchester; *D* ist zu denken als *Eses*.)

Aber Ges-dur ist in Frage gestellt: Die Celli sind gleichzeitig bereits in *G* und ziehen zwei Takte später das gesamte Orchester hinauf. (*D* im Orchester war in Takt 21 noch kleine None der Dominante von *Ges*, *Eses* also über *Des*, in Takt 22 wird es in der Singstimme Oktave der Dominante von *G*!)

Die Cellostimme in Takt 21 scheint zunächst lediglich fahrlässig notiert mit *Cis* statt *Des*.

Takt 21 müßte lauten:

Wichtig ist aber die Pause der Celli am Taktende: *D* etabliert sich als Ziel, ist nicht mehr nur (melodisch) obere Nebennote zu *Des* und (harmonisch) Dominantnone. Wie sich am Ende von Takt 22 erweist, ist das *D* der Celli in Takt 21 bereits Dominante von *G* über der Tonika *Ges*. Eine bitonale Stelle von außerordentlichem Reiz.

Aufgaben:

a) Man schreibe — notiert in einem System, wobei der Klangaufbau leichter zu übersehen ist — Klangfolgen unter ausschließlicher Verwendung der vier Wagnerschen Viertonakkorde und bezeichne sie (1, 2, 3, 4). Man markiere Liegetöne ——, Leittonverbindungen ——— ,

große Sekundschritte ·······.

b) Man variiere den entstandenen Tonsatz, baue dichtere melodische Verbindungen, *Legitimationen* der großen Schritte ein, verschleiere die Klänge durch Vorhalte und Verzögerungen.

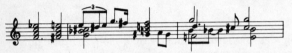

c) Man schreibe ähnliche Studien auf zwei Systemen. Nach Belieben können auch D^7-Formen einbezogen werden und einzelne Dur- oder Moll-Dreiklänge. Man halte sich nicht sklavisch an die Vierstimmigkeit. Gern mag ein Ton in zwei Richtungen weitergehen, die Stimmenzahl sich dadurch vergrößern, andere Stimmen pausieren usw. Wichtig ist die Kontrolle am Instrument. Auch ist es durchaus empfehlenswert, Verbindungen am Klavier zu suchen, liegt doch der Sinn dieser Studien vor allem im Einhören in diese Klangwelt.

LISZT (1839—1885)

›Il Penseroso‹

Bachs ›Musikalisches Opfer‹ zur Verherrlichung eines Monarchen, »dessen Größe und Stärke, gleich wie in allen Kriegs- und Friedens-Wissenschaften, also auch besonders in der Musik, jedermann bewundern und verehren muß«, ist kein pompös besetztes mehrchöriges Werk. (So hätte man um 1600 *Größe und Stärke* gepriesen.) In zwei Ricercaren, einer Fuge, einer Sonate, einem Canon perpetuus und acht Canones diversi als Ausarbeitung des königlichen Themas werden dessen unerschöpfliche Möglichkeiten aufgezeigt und so der Erfinder dieses Themas gepriesen: Ihm wird das schmeichelhafte Kompliment gemacht, diese Möglichkeiten vorausgesehen und aus Bach herausgefordert zu haben. Größe und Stärke des Geistes stellt sich dar in höchster kontrapunktischer Kunst.

Hundert Jahre später: Liszt schreibt, angeregt von einer Statue Michelangelos, das Klavierstück ›Il Penseroso‹ (1839). Eine Art Trauermarsch; Melodie — Repetition auf einem Ton — so gut wie nicht vorhanden. Jetzt ist die Harmonik zu der Dimension geworden, in der die wesentlichen Gedanken gedacht werden. Il Penseroso, der Denker, der hinter die Dinge sieht, findet klingende Gestalt in universaler harmonischer Ausdeutung des Tones *E*; Melodie in einem Ton, der sich von Klang zu Klang verwandelt.

Hier der klangliche Extrakt:

Als Mollterz über *Cis*, Quinte in a-moll, kleiner Sept über *Fis*, Sextvorhalt über *Gis*, Durterz über *C*, Quartvorhalt über *H* und als Akkordfundament erklingt *E* im Thema dieser Komposition.

Wenige Takte später ein ähnlicher Erweis überlegenen Denkvermögens: Unter gleichfalls liegender *Melodie* werden verschiedene Fortschreitungsmöglichkeiten des übermäßigen Dreiklangs *durchdacht*.

Hier der Extrakt, in dieselbe Lage transponiert.

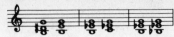

Faust wird von Liszt 1854 in ähnlicher Weise als ein *Penseroso* gezeichnet im ersten Satz seiner Faust-Sinfonie. Ein alle 12 Töne enthaltendes tonal unbestimmbares Thema aus vier übermäßigen Dreiklängen, an dessen Ende sich ein konsonanter Sextakkord in einen übermäßigen Dreiklang auflöst, steht für den großen Geist, für den ausgetretene Denkwege nicht existieren:

Der von Liszt oftmals verwandte übermäßige Dreiklang, unbestimmt wie der verminderte Septakkord durch Teilung der Oktave in gleiche Distanzen, ermöglicht sechs Auflösungen durch Aufwärts- oder Abwärtsführung eines Tones, der sich durch seine Auflösung als Vorhalt zu erkennen gibt:

? D   ? F.   ? Fis   ? A   B   ? Des

Fundament:

Mögliche Fortschreitungen durch Bewegung zweier Stimmen sind z. B.:

Auf all diesen Wegen, in entgegengesetzter Richtung beschritten, können übermäßige Dreiklänge eingeführt werden, sofern sie nicht, wie häufig bei Liszt, unvorbereitet angesprungen werden.

Aufgabe: Klangfolgen mit unterschiedlich ein- und fortgeführten übermäßigen Dreiklängen, in einem System notiert.

TONALITÄT ALS ERINNERUNG

Wagners ›Tristan‹ hat die musikalische Welt verändert. Liszts ähnliche Wege beschreibende, fast 20 Jahre früher entstandene gewichtige Klavierwerke wurden nicht zur Kenntnis genommen. Und heute, wo Liszts harmonische Revolutionen endlich die gebührende Wertschätzung erfahren, steht seiner Anerkennung als großer Komponist die Geringschätzung seiner Melodik entgegen.

In der Tat kann ein Moment-Hörer zu keinem positiveren Verhältnis zu Liszt gelangen, geht es doch darum, in seinem Werk die außerordentlichen Kontraste hörend zu bewältigen, das eine im Bewußtsein der Wirksamkeit des anderen mit den richtigen Ohren zu hören: Durmelodik in schlichtem tonalen Satz aus Mozarts Vokabular und harmonische Abenteuer an der Grenze der Tonalität.

Anfang und Schluß des Klavierstücks ›Sospiri‹ von 1879 aus ›Drei späte Klavierstücke‹ stehen in atonalen Wagnerschen Vierklängen:

Diese Klangwelt läßt siebenmal den Eintritt einer dreitaktigen tonal eindeutig $T \underline{\;\hat{D}^v\;} T$ -harmonisierten Durmelodie zu, die sich teils direkt, teils nach wörtlicher Wiederholung auflöst in wieder von Vierklängen bestimmte offene Flächen. As-dur, Ges-dur, As-dur, Ges-dur, E-dur, f-moll und fis-moll sind die tonalen Stationen, woraus sich nicht die Möglichkeit erschließt, von einer Haupttonart zu sprechen.

Und all diese tonalen Bereiche werden auf unübliche Weise eingeführt, unfunktionell, nicht erwartbar. Ritardando oder Verdünnung des Satzes kündigen zwar eine tonale Fläche an, unvorherhörbar bleibt aber, welche es sein wird. Daher der besondere Reiz dieser Durpassagen, die dem Hörer als unverhoffte Geschenke präsentiert werden.

Hier einige dieser Einführungswege:

Zu a): Der Halbtonschritt nach dem Vierklang legt nahe, diesen als *Eis–Gis–H–D*, den Schritt als *D–Cis*, das Ganze also als $Ɖ_3^{9\ 8}_{\ 7}$ zu hören und fis-moll zu erwarten.

Zu b): *Es-Ges* in der linken Hand vor und nach der Pause legt nahe, die Takte 2, 2. Hälfte, bis 4 als Umspielung eines Klanges aufzufassen, und zwar des $Ɖ^V$ *A–C–Es–Ges* in b-moll. *Des* im zweiten Takt in der Oberstimme hätte dann als durchgehender Vorhalt eingeleuchtet. Bezogen auf das unerwartete Ziel Ges-dur dienen nun aber *Es* und *Ges* rückwirkend gehört als Terz und Quinte der Subdominante Ces-dur.

Zu c): Eine funktionell sinnlose Klangfolge: fis-moll, S_3^6 auf *Des*, s^6_5 auf *E*, As-dur! Deutung des dritten Klanges als $Ɖ_5^{9}_{\ 7}$ in D-dur gäbe nicht mehr Sinn.

Zu d): Die hier vorgenommene $Ɖ^V$-Auflösung war in stimmig konzipierter Musik indiskutabel und kann deshalb von traditionellem Hören keinesfalls erwartet werden:

Diese drei Durtakte, allein besehen und als Trivialität verbucht, verraten also nicht, was sie in einer solchen Umgebung zu bedeuten vermögen. Tonalität in atonalem Umfeld hat ihr wichtigstes Charakteristikum verloren, ihre Stärke, Stabilität. Diese kurzen tonalen Flächen sind nicht mehr, sie erinnern. Wehmut des Abschieds. Eine Kostbarkeit — jetzt kostbar, früher nur selbstverständlich — hält man ein letztes Mal in Händen, kostbar aber nur dem, der die Gesamtform begreift. Und da hier Wehmut auf hohem Formniveau komponiert und in der Sache selbst dargestellt ist, irrt der schlechte Pianist, der hier ein sentimentales Espressivo für angemessen hält.

Großform und Detail folgen denselben Gesetzen. Die Tonika-Dominant-Spannung bestimmte die Kadenz der Klassik und die Großform der klassischen Sonate. Verminderter Septakkord und übermäßiger Dreiklang, die beiden möglichen Teilungen der Oktave in gleiche Distanzen, ermöglichen bei Liszt Befreiung von der klassischen Sprache in Großform und Detail.

Man studiere dazu das ›Sonetto 47 del Petrarca‹, 1839 als Lied wie auch in Klavierfassung ausgearbeitet. Die Strophen in Des-, G-, E- und Des-dur zeigen die Kleinterz-Disposition im großen, die Einleitung im Detail die Großterzbeziehung: Dreiklänge auf *A, Cis, F* und wiederum *A* bereiten die erste Strophe (in Des-dur) vor:

Zwischen den Strophen befinden sich dieselben atonalen Felder
wie im zuvor behandelten Klavierstück.

Das Ende der Harmonie-Lehre

Die harmonisch interessantesten Stellen bei Liszt entziehen
sich dem Versuch einer systematischen Darstellung, wie sie bei
Wagners Vierklängen noch möglich war. Sie zeigen keine einheitliche Tendenz der Klangbehandlung, lassen keine neu-
entwickelten Klangmateriale erkennen, die sich extrahieren und
in Aufgaben erproben ließen. Vielmehr handelt es sich um
Einzelfälle, um je einmalige originelle Lösungen. In völliger
Verkehrung der klassischen Rangordnung *erfindet* Liszt Klänge
und Klangverbindungen und *verwendet* melodische Materiale.
Inspiration aber ist nicht übertragbar. Harmonie-Lehre ist am
Ende, ist abzulösen durch Harmonie-Interpretation als Würdi-
gung konkreter Situationen. Hier der Versuch, einige dieser
harmonischen Einfälle angemessen zu besprechen.

a) Der übermäßige Dreiklang erscheint im ›Sonetto 104 del
Petrarca‹ (1839) zwiefach in der Schlußkadenz; 12 Takte vor
Schluß zweimal figuriert, in den letzten Takten akkordisch, in
allen Fällen zwischen Tonikatakten. Grundton und Terz von
E-dur bleiben liegen, der Baß springt nach *C* als Fundament
und zurück zum Fundament *E*. Keiner der drei Töne also zeigt
sich als auflösungsbedürftig, denn die Stabilität des Baßschrittes
widerspricht der Vermutung, *C* sei obere Wechselnote zu *H*,
wie es die drittoberste Stimme der Schlußkadenz glauben
machen möchte.

Sensationell neuartige Dissonanzbehandlung: Kein Ton be-
kundet Auflösungsbedürfnis. (Durch leittönige Auflösung
konnte ja bisher rückwirkend geschlossen werden, welcher Ton
als dissonant anzusehen ist.) Zwischen zwei konsonanten
Klängen ein *nicht konsonanter*, zwischen zweimal Tonika, die
in den Oberstimmen weiterklingt, eine *Nichttonika:* T $\frac{-}{x}$ T

b) Im zuvor ausführlich behandelten Sonetto 47 findet sich
eine gänzlich andere Lösung einer ähnlichen Aufgabe. Auch

hier ein Zweiklangwechsel, doch ist der mittlere Klang in diesem Falle funktionell eindeutig als $D_7^{9\,8}$. Der umrahmende Klang hingegen ist sowohl T_3 als auch Strebeklang ohne Erfüllung seines Auflösungsstrebens.

As möchte nach vorangehendem E-dur-Takt weiterhin als Großterz, also als Gis über E gehört werden, wird durch das neue Fundament F aber dessen Mollterz oder Quinte über Des. Letztere Auffassung wird durch den Folgeklang als die richtige bestätigt. Die Klavieroberstimme, in beiden Takten gleichbleibende Umspielung des Tones As, wird nun jedoch begleitet von einer Zweitstimme, die die harmonische Deutung in Frage stellt. H–D–F–As heißt durch sie der erste Klang (As mit oberer Nebennote B), ist also $\mathcal{D}^V$ in c-moll. Erst der zweite Takt klärt, daß der $\mathcal{D}^V$ von c-moll als T_3 Des-dur zurechtgehört werden muß, wodurch die pendelnden Achtel H–D als untere Vorhalte zum im nächsten Takt erreichten C–Es deklariert werden.

Diese Stelle wird bei längerer Beschäftigung des Einhörens immer merkwürdiger. Einerseits ist die verschleierte T_3 Ziel und Ruheklang nach dem Dominanttakt, zugleich aber erlebt man auch das Gegenteil: Nach der in Frage gestellten Tonika, als Kleinterzschichtung ohne eindeutige Basis, ist der eindeutige Dominanttakt als Wiederherstellung klanglicher Eindeutigkeit Ziel und quasi Dissonanzauflösung.

Und hat man sich den ersten Takt bei Wiederholung der Zweitaktgruppe gerade erst als tonikal zurechtgehört, entscheidet sich der fünfte Takt doch für die Interpretation eines $\mathcal{D}^V$: Gis–H–D–F müßte hier notiert sein, und der überraschende Weg dieses Taktes lautet $D_{2>}^{7}\ \overline{{}_{1}^{6}\ 5}$. In diesem Bezug ist zu Taktbeginn die obere Wechselnote der Diskantstimme der Fremdling: Gis–A–Gis wäre im Sinne der Weiterführung korrekt gewesen, stattdessen erklingt hier Gis–Ais–Gis (As–B–As notiert):

c) Man analysiere die durch kurzes Vorspiel vorbereitete achttaktige Wiederholungsperiode des Sonetto 104, E-dur. Der Vordersatz endet in der Sp: fis-moll. Nachsatzbeginn in D-dur. Zweitaktige Nachsatzentsprechung zum Vordersatzbeginn. Also *abgesackte Tonika*, neu gefärbt. Zugleich ist D-dur im Augenblick seiner Erscheinung legitimiert als Gegenklang von fis-moll, was, wenn man so weit gehen will, bezeichnet werden mag als SpG. Am Ende aber die unglaubliche Schlußkadenz S (noch in D-dur, also G-dur) D (schon wieder in E-dur, also H⁷) T. Äußerstes Raffinement im Gewande der Unschuld.

Hier der Nachsatz:

d) ›La lugubre gondola‹, die Trauer-Gondel, eines der späten Klavierstücke Liszts, beginnt mit atonalem Rezitativ. Schwankender Sinn des Tones C: Auf *Fis-A-C-Es* folgt *F-As-C-D*. Nach oben geführter Septvorhalt in Des-dur sodann, endlich fallender Vorhalt in *H-D-F-As*, wobei C zugleich als Akkordbestandteil (*F-As-C-D*) aufgefaßt werden kann, das folgende H also als Durchgang. Und dieses H, Leitton im 𝄪ᵥ, oder Durchgang, scheint sich zur Tonika ausbauen zu wollen in einstimmiger Erinnerung an eine jahrhundertelang bewährte Schlußwendung:

e) Im Mittelteil derselben sehr bemerkenswerten Komposition Durterzen in T und S, die sich als fallende Vorhalte zur Mollterz *auflösen*. Merkwürdige Umkehrung, wenn atonale Klänge absichtslos im Raum stehen und konsonante Klänge nach Veränderung zu streben scheinen. Und wie verändert sich das aufmerksame Ohr, wenn es derartige Stellen wirklich begreift!

Zwei Wege zur Atonalität

1885 schrieb Liszt eine *Bagatelle ohne Tonart*. Die geringe Auswirkung seines Schaffens auf die allgemeine Entwicklung, die in langsameren Schritten nachvollzog, was Liszt für sich erreicht hatte, zeigt sich auch darin, daß eine so bemerkenswerte Komposition erst 1956 veröffentlicht wurde. Die Klänge sind größtenteils nicht mehr als Terzschichtungen erklärbar, es deutet sich vielmehr eine für das Schaffen Debussys charakteristische Tendenz an, einem Stück einen zentralen klanglichen Einfall zugrunde zu legen. Dieser stiftet Zusammenhalt wie früher der funktionelle Bezug aller Klänge zu einer Tonika. In dieser Komposition ist es der übermäßige Dreiklang mit angefügter großer Sekunde (*Cis—F—A + H*).

Hier drei Stellen als Beleg für Liszts Verfahren, aus diesem klanglichen Einfall unterschiedliche Möglichkeiten abzuleiten:

Transpositionen: Am Ende der 2. Stelle *D–Fis–B + C*, an der 3. Stelle *E–Gis–C + D*.

Die melodische Sprache entspricht der klanglichen in der Entfernung von tradierten Modellen. Die bereits erwähnte Trauer-Gondel endet in einstimmigem Rezitativ, das etliche Takte lang als gis-moll verstanden werden kann, zumal dieser Klang dem Rezitativ vorausgeht. Fünf Takte vor Schluß aber kann *G* nicht mehr als Leitton *Fisis* gehört werden, da ihm die obere große Sekunde *A* folgt. So endet das Stück in schwebender Atonalität. (Die Bratschen-Rezitative aus Mahlers *10. Sinfonie* sind schon ganz nahe!)

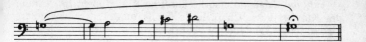

Aber es gibt noch einen anderen Weg in die Zukunft, und zwar den über die ferne Vergangenheit. Dem Hörer wird die Abkehr von der Tonalität hier weniger bewußt, da das verwandte Klangmaterial der vertraute Dreiklang ist. Hier wird die Welt funktionsbezogener Klänge verlassen durch Annäherung an die im ersten Kapitel dieses Buches dargestellte Technik der Klangverbindung um 1600. Motetten dieser Zeit muß Liszt gekannt haben; läßt der Titel seines Klavierstücks ›Sposalizio‹ (Hochzeit) von 1839 doch vermuten, daß bewußt angespielt wird auf *alte Kirchenmusik*.

Hier zwei Takte aus ›Sposalizio‹ und der weitere Klangweg, der in derselben Weise figuriert ist:

Auch die Harmonisierung der Melodie des Mittelteils spielt an auf die Musik um 1600. Die klassische Kadenz wird überwunden, indem ihre Klangfolge vertauscht und damit Funktionalität neutralisiert wird: T D⁷ S T

Aufgabe: Man untersuche ähnliche Klangfolgen im Anfang des Klavierstücks ›Chapelle de Guilleaume Tell‹ und studiere kirchentonale Wendungen bei Brahms (z. B. leittonloses Moll = äolisch im 3. Satz seines Requiems oder die mixolydische kleine Sept zu Beginn des langsamen Satzes seiner vierten Sinfonie, Wendungen, die indessen die Kadenzharmonik eher zu bereichern als zu verlassen trachten).

DEBUSSY (1900—1918)

Slendro und Ganztonleiter

Die höchstentwickelte noch erhaltene nichteuropäische Musikkultur Javas und Balis kennt zwei Tonsysteme mit unterschiedlichen Oktavteilungen: *Pelog* und *Slendro*. Im Mittelpunkt des Instrumentariums der Orchester (*Gamelan*) stehen Metallophone mit unterschiedlich lang nachklingenden Platten bzw. Klangkesseln. Der Tondauer entspricht die jeweilige Funktion eines Instruments: Ruhige Kernmelodie (eine Art cantus firmus), Gegenmelodie, lebhaft figurierende Umspielung usw. Wegen der unterschiedlichen Oktavteilung besitzt jedes Orchester also ein Pelog- und ein Slendro-Instrumentarium.

Pelog enthält einen Vorrat von sieben Tönen, von denen jedoch zwei Töne kaum benutzt werden. Die Intervalle sind sehr unterschiedlich: Halbton, Ganzton, große Terz. Pelog-Stücke wecken in unseren Ohren Assoziationen an Phrygisch:

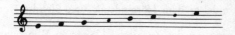

Slendro dagegen teilt die Oktave in fünf nahezu aber nicht exakt gleiche Teile, wobei zwei Distanzen etwas größer sind als die übrigen drei. Eigenartigerweise sind bei den einzelnen Orchestern die größeren Distanzen an unterschiedlicher Stelle eingesetzt, folgen aber niemals direkt aufeinander. Unser Ohr hört die Intervalle zurecht als große Sekunden und kleine Terzen und Slendro somit als Pentatonik. Aufgrund der unterschiedlichen Plazierung der etwas größeren Intervalle in den einzelnen Orchestern würden wir eine Slendro-Komposition, von verschiedenen Orchestern gespielt, auffassen als auf unterschiedliche Basis transponierte Pentatonik. Da die Intervall-Größenunterschiede aber, wie gesagt, sehr gering sind, variiert auch der Höreindruck weniger stark als die folgende Darstellung in unserem Tonsystem:

Leichter stellt man sich die Möglichkeiten bei folgender Darstellung vor:

Wichtig ist also, daß der Eindruck der Slendro-Pentatonik für unsere Ohren grundtonlos ist, da dieselben Stücke von verschiedenen javanischen Ensembles — abendländisch formuliert — auf einem anderen Ton der pentatonischen Skala aufgebaut werden und demnach offensichtlich auf jedem in gleicher Weise stehen können.

Debussy hörte ein Gamelan-Orchester bei der Pariser Weltausstellung 1889, und der starke Eindruck dieser Musik spiegelt sich in seinem Schaffen der folgenden Jahre. Im Klavierstück ›Pagodes‹ (1903) oder dem Orchesterwerk ›La Mer‹ (1905) finden sich typische Gamelan-Passagen in Tonmaterial und Struktur.

Die *Ganztonleiter* ist die zweite Möglichkeit, den Reiz javanischer Musik ins europäische Tonsystem zu transponieren. Dem Slendro ist die Pentatonik zwar näher, weil auch sie die Oktave in fünf Distanzen teilt, die Ganztonleiter aber mit ihrer Sechsteilung entspricht Slendro durch die Teilung in gleiche Distanzen besser. Auch durch ihre Grundtonlosigkeit kommt die Ganztonleiter dem Höreindruck von Slendro-Kompositionen nahe.

Eine Trennung der Zusammenklänge in Konsonanzen und Dissonanzen kennt die Gamelan-Musik nicht. Vieles haben somit Debussys von javanischer Musik angeregte Ganztonleiter- und Pentatonik-Kompositionen gemeinsam:

a) Jeder Ton der Skala kann mit jedem zusammenklingen; es gibt keine Dissonanzauflösung.
b) Es gibt keinen Grundton in dieser schwebenden Klangwelt.
c) Mehrere gleichzeitige Vorgänge sind gleichberechtigt, es gibt keine Hierarchie von Melodie und Begleitung.

1. Zwei Stellen aus ›Voiles‹ (*Préludes I*)

2. Zwei Stellen aus ›Pagodes‹

Zu 1.: Unser Notensystem gibt den gleichen Tonabstand des Ganztonsystems schlecht wieder. Man sehe Debussys Bemühen, den unvermeidbaren Sprung der verminderten Terz möglichst zu verstecken (*As—Fis* im dritten Takt: nach langer Note ein wenig beachtetes Intervall). Aus demselben Grunde ist derselbe Ton oben als *Gis*, unten als *As* notiert. Dritter Takt: *As* ist Wechselnote zwischen *B* und *B*, obwohl oben *Gis* erklingt. Kein Streben also nach Dissonanzauflösung; beide melodischen Vorgänge sind gleichberechtigt.

Zu 2.: Reine Pentatonik, in diesem Werk an zahlreichen Stellen eingesetzt, zeigt nur das erste Teilstück; im zweiten Abschnitt ist *E* hinzugefügt. Diese Stelle demonstriert aber in idealer Weise die Gamelan-Technik: Kernmelodie im Baß, zwei melodische Vorgänge, eine lebhafte Umspielung.

Hinsichtlich der Stimmführung ist Debussys Tonsatz nach herkömmlichem Reglement unentschuldbar. Man sehe nur im dritten Takt der ersten Ganztonleiterstelle die verschobene Oktavparallele *B—As*, im zweiten Pentatonik-Takt die verschobene reine Quintenparallele *Gis—Cis / Cis—Fis*. Alle tradierten Stimmführungsregeln aber entstanden aus dem Konsonanz-Dissonanz-Denken und sind deshalb zugleich mit diesem außer Kraft gesetzt. Da in dieser Klangwelt eine kleine Septime nicht weniger wert ist als eine Oktave, gibt es keinen Grund, Anstoß zu nehmen an

Da Kontrapunkt gerade nicht Unabhängigkeit der Stimmen meint, sondern Abhängigkeit, Auf-einander-Reagieren, kann Debussys *javanische* Vielstimmigkeit, harmonischen Gesetzen enthoben, auch nicht als kontrapunktisch erklärt und benannt werden.

Gewebe

Ein Stoff, gewirkt aus vielen Fäden ohne Anfang und Ende und von gleicher Haltbarkeit: Versuch der Beschreibung des Debussyschen Tonsatzes, wie er z. B. in ›La Mer‹ vorliegt. Kein Vorgang, so königlich erhoben wie eine Mozartsche Melodie, kein Vorgang so zur Begleitung von Wichtigerem degradiert wie eine Mozartsche Bratschenstimme.

›La Mer‹, Gewebe aus fünf Tönen einer Skala: *A-H-Cis Fis-Gis* (S. 4).

›La Mer‹, Gewebe aus sechs Tönen einer Skala: *A-H-Cis-Dis-Fis-Gis* (S. 25).

Beide Klangflächen befinden sich in indifferenter Gleichgewichtslage: *A* und *H* sind in beiden Fällen gleichberechtigte (deshalb auch an beiden Stellen gleichzeitig erklingende) Baßtöne im Abstand der großen Sekunde. Für Debussy typische Stellen! Die eindeutig meßbare Höhe eines klassischen Melodietones über dem Fundament gibt dem Melodieton seine charakteristische Farbe, seinen bestimmten Höhenwert.

Man erinnere sich, wie Schubert dies auszuwerten verstand. Unter Melodieton *C* erst C-dur, dann As-dur bedeutete Steigerung des Intervallwerts von der leeren Oktave zur sensiblen Terz.

Debussys höchste Stimmen aber sind nicht so oder so hoch über dem Fundament sondern *irgendwo*. Auch hier zeigt sich also in der Übertragung auf unser Klangmaterial der Slendro-Effekt der Grundtonlosigkeit, der Aufhebung von schwer und leicht.

Eine ähnliche Indifferenz zeigt sich in einer anderen Dimension, im zeitlichen Ablauf, im Woher und Wohin. Klassische Melodien, getragen von harmonischen Abläufen, hatten Ausgangspunkt und Ziel. Auch aus Debussys Gewebe tritt häufig *ein* Vorgang in den Vordergrund. In solchem Falle sind alle oder die meisten Töne dieser Stimme zugleich Bestandteil der ruhend bewegten, ziellosen, absichtslosen Klangfläche, so daß die Melodie am Ende *unhörbar wird*, aber nicht schließt; sie tritt gleichsam mit decrescendo aus dem Vordergrund zurück.

Hier ein Beispiel aus ›La Mer‹. Die gewebefremden Töne der Vordergrund-Stimme sind durch große Noten gekennzeichnet. Deutlich wurde der Eintritt dieser Stimme vom Komponisten markiert durch das gewebefremde *Ces*, wonach sich die Stimme immer mehr ins pentatonische Gewebe *Des-Es-F As-B* einfügt (S. 6).

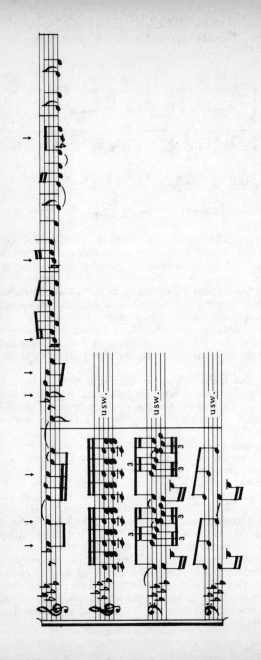

MIXTUREN

Werden zu einem Orgelregister in der sogenannten Äquallage (Achtfuß, 8') Register der tieferen Oktave (16') oder bzw. und der beiden höheren Oktaven (4', 2') hinzugeschaltet, könnte schon diese allgemein übliche Registrierweise Oktavmixtur genannt werden. Mit Mixtur bezeichnet man aber speziell ein besonderes Orgelregister, bei dem zu jedem Ton Reihen von höher klingenden Pfeifen (im Mittelalter bis zu 22) zugeschaltet werden. Dabei handelt es sich um Quinte, Oktave, Oktav + Quinte, Doppeloktave usw., seltener auch um Terz oder Dezime usw. Bei Zuschaltung von vier Tönen heißt eine Mixtur vierfach oder vierchörig.

Bei den sogenannten *Aliquotstimmen* werden nur einzelne Obertöne zugeschaltet, deren Lage leicht aus der Zahlenbezeichnung zu errechnen ist:

Quinte $2^2/_3 = {}^6/_3 + {}^2/_3 = {}^8/_3 = 3$. Teilton zu einer Achtfußstimme,

Terz $1^3/_5 = {}^5/_5 + {}^3/_5 = {}^8/_5 = 5$. Teilton zu einer Achtfußstimme.

Quinte $2^2/_3$ Terz $1^3/_5$

Mixturen und Aliquote werden nicht isoliert eingesetzt, sondern zu anderen Registern hinzugeschaltet und kaum in ihrem Intervallwert gehört, verleihen dem Orgelklang aber besonderen Glanz.

Vergleichen wir das Folgende mit diesem Exkurs, werden wir sehen, daß Debussys gleichfalls Mixtur genannte Klangtechnik kaum etwas mit der Orgelmixtur gemeinsam hat.

a) Reale Mixtur.

Exakte Parallelverschiebung eines Klanges findet sich nämlich außerordentlich selten.

1. *Nocturnes*

2. ›Pour le Piano‹

Zu 1.: Einem h-moll-Klang mit im Baß hinzugefügter Sexte folgen fünf D_7-Klänge. Im mittleren Takt über Tritonus-Baß Mixtur übermäßiger Dreiklänge.

Zu 2.: Auch hier bildet nur der erste Klang die Ausnahme. Strenge Mixtur übermäßiger Dreiklänge, eingeleitet durch C-dur-Klang.

Reale Mixtur von D^{9}_{7}-Klängen findet sich z. B. auch in den *Nocturnes* (S. 20).

b) Tonale Mixtur.
Parallelführung von Klängen, gebildet aus den Tönen *einer* Tonart, schreibt Debussy sehr häufig.
Nocturnes (S. 5).

›La Cathédrale engloutie‹ (*Préludes I*)

Im ersten Beispiel zwei Takte lang tonale Dreiklänge, im zweiten tonale Quartsextakkorde.

›Brouillards‹ (*Préludes II*) setzt bei tonaler Mixtur auch den verminderten Dreiklang mit ein. Interessant die Komplementierung durch jeweils freie Töne in der rechten Hand; eine Art kompositorischer Stereo-Effekt:

c) Atonale Mixtur.

›General Lavine‹ (*Préludes II*) läßt Dur- und Molldreiklänge derart wechseln, daß die Töne eines Klanges im Folgeklang meist ausgespart sind. Dies ergibt sich bei Sekundschritten der Dreiklangsmixtur zwangsläufig, führt aber bei den Terzschritten dieser Stelle zur Konfrontation entferntester Klänge.

Hier zwei Stellen vom Anfang der Komposition:

d) Modulierende Mixtur.

Keinesfalls darf Debussys Mixturharmonik als Klangautomatismus mißverstanden werden. Die meisten Stellen durchbrechen nämlich das selbstgewählte Prinzip, was den Gesamteindruck solcher Stellen verlebendigt, ohne daß die jeweilige Abweichung als solche dem Hörer im Detail bewußt wird.

Bei diesem Beispiel aus ›Minstrels‹ (*Préludes I*) könnte man von einer modulierenden Mixtur sprechen. Die ersten beiden Takte verwenden ausschließlich die Töne von E-dur (und doch wirkt es wie gefärbtes A-dur), und der Schlußtakt steht in mit *Gis* angereichertem G-dur.

e) Rahmenmixtur.

Der faszinierende Anfang von ›Les sons et les parfums . . .‹ (*Preludes I*) führt nur die Außenstimmen parallel. (Siehe dazu auch längere Passagen im ersten Satz der Klaviersuite ›Childrens Corner‹, übrigens auch weite Strecken in Puccinis ›Butterfly‹!)

Zwischen die Rahmenoktaven setzt Debussy hier funktionsharmonische Erinnerungen: A-dur als Quartsextakkord und eine $s\,{}^{6}_{3}^{5}$ aus d-moll. Sodann freie Mixtur aus D_3^7- und D_5^7-Akkorden. Vielleicht war für den Wechsel der D^7-Gestalten wieder die Tendenz maßgebend, freie Töne zu verwenden: Beibehaltene Klangform, also $D\,{}^{7}_{3}$ unter dem dritten Ton hätte bei *Fis—A—C—D* mit *Fis* und *A* zwei abgenutzte Töne gebracht.

f) ›Slendro-Mixtur‹

Kaum noch als Mixtur möchte man die folgende Stelle aus ›La fille aux cheveux‹ (*Préludes I*) bezeichnen, und doch liegt eine merkwürdige Art strenger Parallelführung vor: Alle Klänge bis auf den 3. und 4. im zweiten Takt und die drei letzten des Beispiels sind nämlich aus der Viertonskala *Es—Ges—B—Des* gebildet. Pentatonik ist hier beschränkt auf vier Töne (*As* fehlt) und die Stimmen werden in diesem Viertonraum parallel geführt.

g) Mixtur-Polyphonie.

Häufig werden zwei Mixturen polyphon gegeneinander geführt. Man studiere dazu etwa den Mittelteil von ›La terrasse...‹ (*Préludes II*).

HARMONIE UND SATZSTRUKTUR ALS ERFINDUNGSEINHEIT

Harmonie, Satzstruktur und Form verhalten sich im Werk Debussys in bisher nicht gekannter Weise zueinander. Klänge harmonisieren nicht mehr (oder doch nur noch selten) einzelne Melodietöne, sondern ganzen Melodien wird *ein* Klang unterlegt. Umgekehrt definiert: Ein figurierter Klanggrund entfaltet sich zu melodischen Ornamenten, wobei die Klangtöne meist Haupttöne der melodischen Figuren sind, diese sich aber auch gelegentlich kontrastierend abheben können durch klangfremde Töne. (Eine neue Definition von »Dissonanz« wäre hier möglich.)

Jeder Klang — besser: jeder Tonraum erhält seine eigene Satzstruktur und Orchesterfarbe. Wiederum umgekehrt definiert (denn wer weiß Ursache und Folge zu bestimmen): Bei

Wechsel der Farben und Bewegungsvorgänge wechseln die Klänge, wechseln also seltener als in früherer Musik üblich und bleiben daher in der Erinnerung besser aufbewahrt, verbunden mit der ihnen zugehörigen Satzstruktur. Ein bestimmter Klang und eine bestimmte Satzstruktur und Orchesterfarbe werden also zusammen erfunden, nicht nacheinander, als eine Erfindungseinheit.

Wer die Mühe nicht scheut, überprüfe dies und gehe mit mir 20 Partiturseiten aus ›La Mer‹ durch. Hier als Lesehilfe der jeweilige klangliche Extrakt mit Numerierung der klanglichen Situation, Dynamik und Seitenzahl.

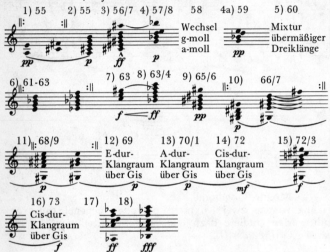

Die Bindebögen bezeichnen Tonverbindungen von Klang zu Klang, die durch dasselbe Instrument vorgenommen werden. Man sehe z. B. das durchgehende Viertelmetrum der Harfe Seite 56–57 zur Verknüpfung der Gruppen 3) und 4) oder den Übergang Seite 64–65: Doppelstrich, Tempowechsel. Verbindung schafft der Triller der ersten Violinen auf *Gis* (erst — quasi *As* — Sept über *B*, dann Terz über *E*). Man beachte vor allem die von Seite 66 bis 74 durchgehende Gruppenverbindung durch *Gis* im Baß.

Stehende Klänge wie 3), 4), 7) und 8) wechseln mit figurierten Klängen wie 17), 18), Gewebeflächen 6), 9), 10), 11), Pendelbewegung wie bei 1), realer Mixtur 5) und tonaler Mixtur 12), 13), 14), 16). Alle Klänge sind Terzschichtungen, insbesondere treten alle Arten von Septakkorden — auch in Umkehrungen — auf, sowie Septnonenakkorde. Dazu kommen übermäßige Dreiklänge, teils auch mit hinzugefügter Sept.

VON SCHÖNBERG BIS ZUR GEGENWART (ab 1914)

Atonale Harmonik (Skrjabin, Schönberg)

10 bis 30 Jahre nach entschiedener Abkehr der meisten Komponisten von der Dur-Moll-Tonalität und dem Prinzip des Klangaufbaus durch Terzenschichtung entwickelten Schönberg und Hauer unabhängig voneinander unterschiedliche Zwölftontechniken, formulierte Hindemith in seiner ›Unterweisung‹ die Gesetze seiner neuen Harmonik, stellte Messiaen eine neue modale Ordnung auf. Musik, die diesen neuen Ordnungen noch nicht, der klassischen Harmonik aber nicht mehr verpflichtet ist, wird atonal genannt und war dem Verdacht der Willkür und Ordnungslosigkeit ausgesetzt. Heute zeigt sich dem rückschauenden Blick eine erstaunliche Einheitlichkeit und Konsequenz der Klangbildung in der Musik um 1915, so daß die Analyse einander so fern stehender Komponisten wie Skrjabin und Schönberg zu fast identischen Ergebnissen führt.

Zunächst zwei Stellen aus einer der letzten Kompositionen des russischen Komponisten Alexander Skrjabin (1872–1915), dem Prélude opus 74 Nr. 1. Wie bei Skrjabin, der ein eigenes harmonisches System entwickelt hat, wollen wir bei allen folgenden Analysen auch den vom jeweiligen Komponisten formulierten Theorien, Tonsatzlehren oder Werkstattberichten weniger glauben als den Kompositionen selbst. Da das Werk sich mit der erklärten Absicht des Komponisten nicht immer deckt, manchmal von ihr abweicht, manchmal über sie hinausgeht (und dem Komponisten selbst unbewußte Ordnungen realisiert), unser Anliegen hier aber keine Geschichte der Musiktheorie ist, bleiben wir auch bei Behandlung der Musik des 20. Jahrhunderts bei dem Verfahren, Kompositionstechniken aus Werkanalysen zu erkennen.

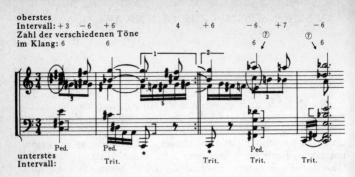

] = Tritonus
○ = überm. Dreiklang

Die meisten Töne werden direkt oder durch Zwischenmelodik leittönig (= überzeugendste melodische Legitimation) angesteuert.

Alle Klänge des Prélude haben 5 bis 8 Töne, und dabei nie weniger als 5 und nie mehr als 6 *verschiedene* Töne (Oktaven gelten vorerst als derselbe Ton). Also eine sehr einheitliche Klangdichte. (Interessant wäre, eine Geschichte der Klangdichte zu schreiben. 1600 bis Frühklassik: Dreiklänge, Tendenz zum Vierklang mündend in Wagners Harmonik, 5–6-Tonklang um 1915 . . .)

Alle Klänge enthalten ein oder zwei Tritonus-Intervalle, häufig tritt auch der übermäßige Dreiklang auf, dessen Klangwirkung dem Tritonus ähnlich ist. Bei fast allen Klängen ist der Baßton Tritonus-gebunden: Demonstrative Abkehr vom quintbestimmten Dur-Moll-Klang und Entmachtung der vormals tragenden Baßtöne. Gleichberechtigung aller Akkordtöne.

»Indifferente Gleichgewichtslage« heißt in der Physik eine Situation ohne eindeutiges Oben und Unten, Schwer und Leicht, tragend und getragen. Dennoch ist das *Oben* sorgsam behandelt.

Das oberste Intervall (der Hörer hört wohl meist von der Klangoberfläche ausgehend nach unten weiter, nimmt also das oberste Intervall besonders deutlich wahr) ist in den meisten Klängen Terz oder Sext, was den Klängen Sinnlichkeit, Weichheit, Klanggehalt, Süße verleiht. Wie immer man es nennen mag, die vollkommenen Konsonanzen Quinte und Quarte wirken nämlich in außerhalb der Dreiklangsharmonik stehenden Klängen dissonant, herb, unsinnlich, hart. Kein Hörer wird, spielt man Klänge wie die folgenden, das oberste Intervall als konsonant bezeichnen:

Alle Klänge enthalten aber auch scharfe Dissonanzen wie große Sept, kleine None. (Große Sekunden, kleine Septimen und große Nonen sind dagegen von milderem Dissonanzgrad. In diese Gruppe gehören übrigens auch die traditionellen *charakteristischen Dissonanzen.*) Es fällt auf, daß Assoziationen an traditionelle Klänge ausgeschlossen werden durch konsequentes Vermeiden oder *Verstecken* von Quinten.

Im Klang — vom Baßton aus notiert —

(S. 262 oben, vorletzter Klang)
dominieren zwei Tritonus-Nachbarschaften und der hohe übermäßige Dreiklang. Von den drei im Klang enthaltenen Quinten sind gerade die beiden, die mit einem Grenzton (= tiefster und höchster Ton als die besonders deutlich wahrgenommenen Töne) gebildet sind, durch zwischengeschaltete Töne wie ausgelöscht.

Man bemerke auch, wie unterschiedlich eine Oktave klingen kann und mit welcher Freiheit Skrjabin sie behandelt (im Gegensatz zu zahlreichen späteren Machwerken zweiter Garnitur, die sich streng an das Oktavenverbot der Zwölftonlehre halten, ohne von Fall zu Fall das Ohr entscheiden zu lassen).

Im zweiten Klang des ersten Beispiels, sich von oben nach unten vervollständigend, ist *A—A* im Baß natürlich Oktave, *derselbe Ton*, ebenso wie im letzten Klang des ersten Beispiels die oberen Töne der linken Hand: *E—B—E* wird gewiß als Gruppe gehört, als Oktave mit eingefügtem Tritonus.

Anders die Tonverdopplungen der drei ♀ markierten Klänge, bei denen jeweils die zweite Oktave dadurch ein *neuer* Ton ist, daß im Zwischenraum der betreffende Ton durch große Sept oder kleine None ausgelöscht wurde:

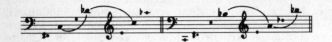

Zu C ist *Des* ein neuer Ton, zu *Des* ist für mein Ohr C wiederum ein unverbrauchter neuer Ton. Mein Ohr veranlaßt mich, bei diesen drei Klängen die Angabe *Zahl der verschiedenen Töne* zu revidieren durch die eingekreisten Zahlen. Aber ich muß den Leser dringend auffordern, dazu sein eigenes Ohr zu befragen und zu einem eigenen Standpunkt zu kommen; das von mir zum Oktavproblem Mitgeteilte berichtet von *meiner* Hörerfahrung und Auffassung und will sich nicht zur verbindlichen Lehre aufspielen.

Aufgaben: Bei Erfindung von Klangfolgen im Sinne des analytisch gefundenen Reglements sollte man gerade aufgrund des zuletzt Dargestellten stets am Instrument arbeiten, ausprobieren, sich einhören. Denn der Sensibilisierung des Gehörs dient diese Aufgabe in erster Linie. Plausibler klingen selbsterfundene Klangfolgen, wenn eine oder einige Stimmen den Weg zu ihrem nächsten Ton in engen Schritten melodisch ausfüllen, wie es ja auch bei Skrjabin geschieht. Verfahren: Erst der nächste Klang, dann der Melodieweg oder auch umgekehrt!

In den beiden folgenden Beispielen aus Schönbergs ›Pierrot lunaire‹ (1914) habe ich die Sprechmelodie-Stimme weggelassen, was mancher Leser gewiß nicht billigen wird.

Nr. 15, Klarinette, Geige und vierstimmiges Klavier ergeben diesen sechsstimmigen Satz:

Nr. 19, Cello und Klavier:

Wie bei Skrjabin enthalten auch hier fast alle Klänge einen Tritonus oder mehrere, und die Tatsache, daß in tritonuslosen Klängen fast regelmäßig der übermäßige Dreiklang enthalten ist, beweist die bei der Besprechung von Skrjabin behauptete Ähnlichkeit der Klangwirkung von Tritonus und übermäßigem Dreiklang. Auch hier enthalten sämtliche Klänge scharfe Dissonanzen. Das zweite Beispiel macht deutlich, daß der alte

Begriff »Klavierbegleitung« nicht mehr anwendbar ist. Fast immer bringt das Klavier Töne hinzu, die gerade nicht in der Cellostimme klingen. Terznachbarschaft der Töne eines Klanges ist außerordentlich selten geworden. Die Klänge haben 4 bis 8, meist 5 oder 6 verschiedene Töne. Im Klaviersatz des zweiten Beispiels gibt es nur eine einzige Oktave, legitimiert als Durchgang auf leichter Zeit. (*Fis* im fünften Takt.) Man bemerke die Umkehrung der traditionellen Durchgangsregel: Früher mußte die Dissonanz, jetzt muß die vollkommene Konsonanz als Durchgang entschuldigt werden.

Klang und Struktur (Webern)

Wer sich anschickt, Harmonik oder Melodik im Werk Anton Weberns zu analysieren, sollte die kümmerlichen Ergebnisse, zu denen er gelangt, nicht der Musik, sondern seiner Fragestellung anlasten. Man erinnere sich meiner Ausführungen dazu im Nachtrag zur 10. Auflage der ›Allgemeinen Musiklehre‹ von Hermann Grabner. Weberns Tendenz, über die von Schönberg übernommene Ordnung der zwölf Töne hinausgehend auch zeitlichen Ablauf, Oktavlage der Töne und Lautstärke *in Ordnung zu bringen* (Tendenz zur seriellen Musik; siehe dazu ebenfalls den Nachtrag zu Grabner), entzieht seine Musik der Kompetenz dieses Buches.

Immerhin sind wir legitimiert, über den ersten Satz seiner Symphonie opus 21 (1928) zu sprechen. Minimale Besetzung: Klarinette, Baßklarinette, 2 Hörner, Harfe und solistisches Streichquartett. Der Komposition liegt zugrunde eine zentrisymmetrische Zwölftonreihe:

R →   ← Я

Die zweite Reihenhälfte ist der Krebs der ersten, tritonus-versetzt. Also ist der Krebs der ganzen Reihe identisch mit der Reihe selbst. Statt vier unterschiedlicher Reihengestalten (R, Я, К, Ƅ oder: R = Reihe, U = Umkehrung, K = Krebs, KU = Krebsumkehrung) gibt es also nur zwei. — Doppelstrich nach 25 Takten. Es wird sich zeigen, daß dieser erste Abschnitt mit dem alten Terminus »Exposition« bezeichnet werden darf.

Hier das Geschehen der ersten 14 Takte, wobei die in den verschiedenen Instrumenten erklingenden Töne und Tongruppen gemäß ihrer Reihen-Zugehörigkeit notiert wurden:

Das Ungewöhnliche an dieser Exposition ist nun, und deshalb gehört ihr hier unsere Aufmerksamkeit, daß in diesen 25 Takten nur die folgenden Töne erklingen (1), deren Anordnung sich entpuppt als Verschachtelung zweier Quartenketten (2), wobei der quartenfreie Ton *A* als Symmetrieachse eingefügt ist (3):

Alle 12 Töne sind in diesem Tonvorrat enthalten, 11 je einmal, nur der Ton *Es* zwangsläufig doppelt. (Als Tritonus ist er von *A* aus auf- wie abwärts gleichweit entfernt, und er ist zugleich sechster Ton beider Quartenketten: entweder also gar kein *Es* oder zweimal *Es*!)

Man kann die Sache auch so sehen: Es handelt sich um eine einzige Quartenkette, die in der Mitte bei *Es* in eine andere Oktavlage springt, um nicht zu hoch zu enden. *A*, der Ton, der unter dem tiefsten und über dem höchsten Ton folgen würde, wurde in die Mitte verlegt.

Als Zwölftonarbeit begutachtet muß diese Exposition schlicht miserabel genannt werden. *As—As* (Takt 3—4) ist schlecht, und völlig sinnwidrig die Häufung von dreimal *B*, sogar gleichzeitig, in den Takten 5—6. Das Ohr registriert aber bei diesen dichten Wiederholungen die Lagenidentität und wird so auf ein dieser Exposition angemessenes Hören gewiesen: Um einen stehenden Klang handelt es sich, wobei die einzelnen Töne wie von einem bewegten Scheinwerfer nur kurzzeitig angeleuchtet werden. Es entsteht ein streng symmetrisch um *A* ausgewogener Klang.

Man wird bei der Reihendarstellung bemerkt haben, daß sowohl die beiden von *A* aus startenden Reihen rhythmisch identisch verlaufen als auch die beiden im Großterzabstand über und unter *A* einsetzenden, so daß auf diese Weise der Tonraum über *A* dieselben Toneinsatz-Häufigkeiten und Tondauer-Summen erhält wie der Tonraum unter *A*.

E		10	Gesamt—	17 *
H		10	Ton-	16 *
Fis	Zahl	12	dauer	18
Es	der	5	in	6
Cis	An-	10	Vierteln:	14
B	schläge	10	(Vor-	17 *
A	in	13	schläge	14 **
Gis	der	10	sind	17 *
F	Expo-	10	mit	14
Es	sition:	5	*	6
C		12	be-	18
G		10	zeich-	16 *
D		10	net)	17 *

Aufgabe: In erster Linie eine Höraufgabe. Man höre die Exposition von der Schallplatte häufig durch und stelle das Ohr zunächst jeweils auf eine andere eng begrenzte *Aufmerksamkeitshöhe* ein, um in dem jeweiligen Hörbereich den stehenden Klang wahrzunehmen. Schließlich dehne man die Aufmerksamkeit des Ohres auf das gesamte Klangspektrum aus.

Dann lasse man es genug sein mit dem Zwölftonreihen-Abzählen. Vielmehr untersuche man im weiteren Verlauf des Satzes die harmonische Veränderung, und das heißt bei diesem Werk: Die unterschiedliche Gewichtung der Lagen. Der Klang dehnt sich zunächst nach oben aus (tiefere Töne stehen dem gewählten Instrumentarium kaum noch zur Verfügung!), bis im dritten Teil des Satzes der Klang sehr hoch liegt:

Das tiefere C des Cellos in Takt 66a ist durch das Wiederholungszeichen bedingt, gehört also zum Mittelteil des Satzes.

Harmonisches Gefälle (Hindemith)

In der weitgehenden Verdrängung des Dreiklangs und der Bevorzugung von vier milddissonanten (kleine Sekunde und große Sept vermeidenden) Vierklangformen zeigte sich im Spätwerk Wagners eine deutliche Tendenz in Richtung auf eine einheitliche Klangwelt. Denselben Weg sind Skrjabin und Schönberg weitergegangen bis zum Ende. Mit ihren Fünf- und Sechsklängen, stets scharfe Dissonanzen und entweder Tritonus oder übermäßigen Dreiklang enthaltend, haben sie eine derart homogene, auf Gegensatz und Kontrastspannung verzichtende und insofern auch in ihrer Entfaltungsmöglichkeit begrenzte Klangwelt geschaffen, so daß diese Sprache nicht Sprache künftiger Komponistengenerationen bleiben konnte.

Aber nur durch diese Konsequenz der Behandlung des Klangmaterials konnte eine Barock, Klassik und Romantik bestimmende Musiksprache überwunden (und nicht nur interessant erweitert) werden: Eine Sprache, deren Grundlage harmonische Spannung und Entspannung war, Gegenüberstellung der dominantischen Bereiche und einer tonikalen Region, ein harmonisches Denken in Weg und Ziel, Entfernung und Rückkehr. Schönbergs Eliminierung der Konsonanz und Emanzipation der Dissonanz setzt beide Begriffe außer Kurs. Nur wer Schönbergs Musik selten hört und deshalb Gehörtes nicht als geschlossene Sprache zu hören vermag, sondern jeden Klang mit aus anderer Musik vertrauten Klängen vergleicht, kann Schönberg als *dissonant* bezeichnen.

Hingegen urteilt richtig, wer Stellen bei Hindemith als dissonant empfindet. Zwar verwendet er im Durchschnitt wesentlich weniger gespannte Klänge als Schönberg, dafür aber auch leere Quinte und Dur- und Molldreiklänge. Hindemith knüpft also keineswegs an Wagner an, vielmehr an die Sprache etwa eines Bach oder Haydn. Der alte Denkraum Konsonanz-Dissonanz, Spannung-Entspannung erfährt in seiner Musik eine neue Differenzierung.

Hier die Hauptthesen seiner ›Unterweisung im Tonsatz‹: Im Gegensatz zu allen früheren Akkordlehren, die nur ausgewählte Klänge behandelten, nimmt Hindemith eine Gliederung aller überhaupt nur möglichen Klänge in sechs mehrfach unterteilte Gruppen vor.

Nach dieser Einteilung wird das *harmonische Gefälle* von Akkordfolgen bestimmt. Für jedes Intervall wird ein Grundton bestimmt: Bei Quinte, beiden Terzen und Septimen der untere, bei Quart, beiden Sexten und Sekunden der obere Ton. Der Grundton des *besten Intervalls* eines Klanges (Reihenfolge 5 4 +3 −6 −3 +6 +2 −7 −2 +7) wird als Akkordgrundton bestimmt. Klänge schließen sich im Ablauf zu größeren harmonischen Einheiten zusammen (*Stufen*). »Stufengang« heißt die Folge dieser tonalen Zentren.

Nun ist Hindemiths Musik allerdings zu verteidigen gegen seine eigene *Unterweisung*. Zwar bleibt die darin vorgenommene Anleitung zu differenziertem Hören und zum kontrollierten Einsatz des Klangmaterials verdienstvoll; problematisch aber, daß er diese Klangmöglichkeiten nun selbst bewertet bzw. disqualifiziert. »Seltsames Gelichter überspitzter, buntgefärbter, unfeiner Klänge«, heißt es über eine Klanggruppe, während Dur- und Molldreiklang »die edelsten aller Klänge« genannt werden. Und leider tauchen auch Begriffe wie »wertvoller als« auf.

Problematisch können doch nur ganze Kompositionen (wenn sie nichts taugen) und nicht einzelne Klänge gelungener Werke »überspitzt«, »unfein«, »edel«, »wertvoller als« sein. Ein gelungenes Werk, bei dem alles zusammenstimmt, verliert doch seine Stimmigkeit, wenn man einen angeblich überspitzten Klang durch einen angeblich wertvolleren ersetzt: Fürs Ganze ist jeder recht plazierte Klang gleichviel wert. Aber das wußte natürlich der Komponist Hindemith auch. Befragen wir deshalb sein gültiges Testament, seine Musik.

Hier zunächst die ersten zwei Takte seiner 1. Klaviersonate von 1934:

K S₁ S₁ S₁ S₂ S₂ W K

Acht Klänge. Trotz kurzer Pause *ein* Phrasierungsbogen, eröffnet und beschlossen mit dem Durdreiklang, der inmitten der Phrase nicht nochmals auftaucht. Klang 2 bis 4 mild-dissonant. Sodann zunehmende Klangschärfe. Die große Sept, im 5. Klang in die Mitte versteckt, tritt in Klang 6 im obersten Intervall in den Vordergrund. Tritonus im vorletzten Klang, der keine scharfe Dissonanz mehr enthält, weich klingt; auflösend. Häufig setzt Hindemith mild-dissonante Tritonusklänge in dieser Weise ein, Spannungen abbauend, auf eine abschließende Ruhe-Situation hinführend. (Man bemerke den Unterschied zum traditionellen D⁷ als Spannungsakkord!)

Dieselbe Klangorganisation findet sich bereits am Anfang eines Satzes (›Lied‹) aus dem außerordentlich reizvollen, merkwürdig wenig gespielten Zyklus ›Reihe kleiner Stücke‹ von 1927. (Die Koloraturen der Oberstimme sind nicht ausnotiert.) Die klangliche Spannungskurve vollzieht sich hier in einer kürzeren und einer folgenden längeren und schärfer gespannten Welle.

R S₁ S₂ K S₂ S₂ S₂ W S₁ R

Erklärung der von mir verwendeten, meiner Erfahrung nach völlig ausreichenden Klangbezeichnungen:

R = Ruheklang, Reine Quinte und Oktave.

K = Klanggehalt; es dominieren Dur- und Molldreiklänge und Umkehrungen. Auch: dominierende Terznachbarschaften.

S1 = Spannung ersten Grades, es dominieren große Sekunden und/oder kleine Septimen sowie Quarten.

S2 = Spannung zweiten Grades; kleine Sekunden und große Septimen bestimmen den Klang.

W = Klangaufweichung, Tritonus oder übermäßiger Dreiklang treten deutlich hervor.

Durch Doppelbezeichnung ist sinnvolle Differenzierung möglich; das als dominierend empfundene Klangelement bezeichne man zuerst.

Ich warne allerdings dringend vor dem vergeblichen Versuch, aus diesem Definitionsvorschlag ein perfektes System zu machen.

Schon bei den Doppelbezeichnungen wird mancher anders hören, anders gewichten, anders bezeichnen. Immerhin mag dieser von mir aus Hindemiths Musik selbst abgeleitete Bezeichnungsvorschlag praktikabler sein als Hindemiths eigene Einteilung: Seine Gruppe 3 (»mit Sekunden und Septimen«) unterscheidet unverständlicherweise nicht zwischen den beiden Dissonanzgraden im Gegensatz zum Komponisten Hindemith, und bei allen Klängen bleiben die Tonnachbarschaften (die *Sitzordnung* der Töne) unberücksichtigt.

Auch in dieser Kunst der Plazierung der Töne differenziert Hindemiths Musik sehr viel genauer. Bei einem Fortissimo-Höhepunkt der ›Versuchung des Heiligen Antonius‹ (Mathis-Sinfonie) begnügt sich der klassische Hindemith wie üblich mit einer mild-dissonanten Sitzordnung der Töne (1), die immer dann entsteht, wenn große Sekund- und Quartnachbarschaften bevorzugt werden, während die im vorletzten Klang enthaltenen Töne (2), anders angeordnet, sehr unterschiedliche, sowohl terzigere als auch wesentlich dissonanzschärfere Klänge ermöglichen (3).

Das sollte meines Erachtens zu unterschiedlich gewichtender Bezeichnung ermuntern, während Hindemith alle Klänge gleich bezeichnet hätte. (Nach Hindemiths Bezeichnungssystem hätte sich nur die Lage des *Grundtons* geändert.)

Hier der Anfang des Vorspiels zum letzten Lied aus Hindemiths ›Marienleben‹ in der Erstfassung von 1922/23 und der Neufassung von 1948. Die Erstfassung bleibt im wesentlichen in einer Klangebene, während die Neufassung ein Musterbeispiel von *harmonischem Gefälle* als Spannungssteigerung und -abfall darstellt.

Man sollte sich hinsichtlich dieser zweiten Lösung nicht dem den späten Hindemith pauschal verdammenden Modeurteil anschließen; diese Lösung überzeugt ohne Frage. Indessen gibt es in nach der ›Unterweisung‹ entstandenen Werken zuviele in genau derselben Weise gebaute Phrasen, und Faszination ohne eine Spur von Überraschung gelingt selten. Hört man mehrere Werke aus dieser Zeit, weiß man oft im voraus, wie es gehen wird.

Interessant, wie Schönberg-nah und -fern zugleich das Klaviervorspiel der Erstfassung der ›Mariä Verkündigung‹ klingt:

Bis auf den letzten Klang enthalten alle den Tritonus und vier der sechs Klänge eine große Sept oder kleine None. Und trotz dieser einheitlichen Schönberg-nahen Klanglichkeit unverkennbarer Hindemith in der Führung der Außenstimmen: Dreifache Quartsprung-Legitimation des Baß-Kontrapunkts gegen eine tonale, behutsam modulierende Melodie.

Tonsatzaufgaben in der Sprache des späteren Hindemith bieten sich geradezu an, und doch möchte ich nicht zuraten. Zu sehr stand diese Musiksprache schon im Werk Hindemiths in der Gefahr der Abnutzung, und viele deutsche Nachfolger haben die Kunstsprache vollends zum Kunstgewerbe abgewirtschaftet. Man gönne ihr eine Schonfrist.

Klang als Thema (Messiaen)

Eine Komposition ausschließlich aus den klanglichen Möglichkeiten der Terz zu entwickeln war die Idee von Debussys ›Tierces alternées‹ (*Préludes II*). In Bartóks Klaviersammlung ›Mikrokosmos‹ gibt es Stücke in ähnlicher Materialbeschränkung und ähnlicher *Material-Inspiration*. Ein Klang oder ein Bauelement zur Errichtung von Klängen kann die zentrale Idee eines Stückes sein, die selbstgestellte Aufgabe, das *Thema*. Häufig zeigt sich in der Musik des 20. Jahrhunderts der Einfall von der Gestalt weg in den Materialbereich verlagert: Nicht Melodien fallen dem Komponisten ein, sondern Bauelemente und Möglichkeiten des Bauens mit ihnen.

Interessant — weil weniger eindeutig — ist die Situation in Messiaens abendfüllendem Klavierwerk ›Vingt Regards sur l'Enfant — Jésus‹ von 1944. Einige der diese *20 Blicke auf den Jesusknaben* in der Art Wagnerscher Leitmotive durchziehenden Themen sind einstimmige Melodie (Thema des Sterns und des Kreuzes), einige sind fixiert als ganzheitlicher melodisch-harmonischer Einfall (Thema Gottes, Thema der Liebe).

In der Mitte zwischen Gestalt und Material steht das Akkordthema, das ›Thème d'accords‹, bestehend aus vier in Bau und Klangwert recht unterschiedlichen Vierklängen. In seinen 16 Tönen tauchen *Fis, Gis, B* und *H* doppelt, die restlichen acht Töne je einmal auf:

Diese vier Akkorde werden durchaus im Sinne eines Themas verwandt, als wiedererkennbare Gestalt, rhythmisiert ohne weitere Manipulation (XIV) (1). Sie werden aber auch als Klangmaterial behandelt derart, daß im Ergebnis der Bearbeitung die Herkunft des Materials nicht mehr hörbar ist. In VI werden je zwei Klänge in ein Arpeggio verwoben (2), in IV erscheint ›Thème d'accords concentré‹ (3), dasselbe in anderer Konzentrierung in XVII (4).

Hier die Analyse eines Abschnitts aus XIV. Es zeigt sich, daß das kompositorische Verfahren der Zwölftontechnik, die ihr Material vertikal wie horizontal einsetzt, sehr ähnlich ist, da die Klänge hier teils als Tonfolge in die Horizontale auseinandergelegt wurden.

Disskussion ausgewählter Klänge

1. Hindemith, ›Klaviermusik‹ (1925), Nr. 1 aus ›Übung in drei Stücken‹. Mittelteil: Lange zweistimmige Sechzehntel-Ketten im ppp, zwölfmal wie von einem Peitschenknall unterbrochen durch einen Klang im ff, der hier wie oft bei Hindemith, Bartók und anderen Schlagzeugfunktion besitzt.

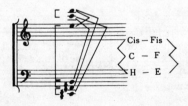

In der Plazierung der Töne schon hier die für den späteren Hindemith typische Bevorzugung der Quarte. Drei halbtonversetzte Quarten ergeben allerdings vier scharfe Dissonanzen; eine klangliche Härte, wie sie der spätere Hindemith nicht mehr verwendet.

Als Klangbezeichnung böte sich hier auch einmal eine negative Definition an: S₂ ⊀K, denn die Terz-Sext-Komponente ist nach Möglichkeit ausgespart. (Die Sexte *E—C* tritt nicht in den Vordergrund der Klangwirkung.)

2. Alban Berg, ›Lyrische Suite‹ für Streichquartett (1926; S. 69). Die vier Streicher repetieren zehnmal im fff im gleichen Metrum die Doppelgriffe (1). Es entsteht ein repetierter Achtklang mit den Tönen (2), bei dem die Halbtonverbindung der Töne nur einmal durch die Distanz der kleinen Terz unterbrochen ist.

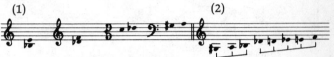

Viele Töne in enger Lage verringern die Intervallwerte, also auch die Dissonanzwirkung. Zwei Töne allein im Abstand der großen Sept oder kleinen None sind an Dissonanzschärfe durch nichts zu überbieten, können nur abgeschwächt werden. (Man denke nur an die dritte Szene im dritten Akt der Oper ›Wozzeck‹ von Alban Berg, in der das Blut an der Hand Wozzecks entdeckt wird; die ganze Szene hindurch bohren sich ungemilderte große Septimen ins Ohr).

3. Wenige Takte später im selben Werk. Repetitionsmetrum wie bei der eben besprochenen Stelle. Das Cello spielt allein zweimal nur *E*, dann zweimal Doppelgriff mit *G*, dann zweimal mit Bratsche *Dis*, darauf zweimal auch die Bratsche Doppelgriff mit *H* usw.: Ein Achtklang baut sich langsam nach oben hin auf.

Großer Klangwert im Gegensatz zum eben besprochenen Beispiel trotz derselben Tonzahl durch die weite Lage und die extrem sanfte *Sitzordnung* der Töne: Nur eine Quintnachbarschaft, alle übrigen Nachbarschaften sind Terzen und Sexten, was beim Ton-für-Ton-Einsatz natürlich besonders hervortritt und durchaus vorhandene Dissonanzschärfen erheblich mildert. Ein Klang, den der Hörer als strahlend, prächtig, nicht aber als schneidend scharf empfinden wird. Hinsichtlich der Terz-Sext-Komponente das extreme Gegenstück zum Hindemithklang Nr. 1.

4. Gustav Mahler, 10. Sinfonie. Im einzig von Mahler vollendeten Satz dicht auf einander folgend die beiden einzigen

Tutti als ff-Höhepunkte. Das erste als auffallend hoch liegender as-moll-Klang. Sodann nach fünftaktigem Holz-Hörner-Streicher-Abschnitt dieser Klangaufbau zum zweiten Höhepunkt-Tutti, das sich erst im vierten Takt durch die hinzutretenden Trompeten vollendet:

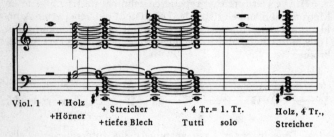

Viol. 1 + Holz +Hörner + Streicher +tiefes Blech + 4 Tr.= 1. Tr. Tutti solo Holz, 4 Tr., Streicher

Unterterzung des einsamen A der Geigen (F–D–H–Gis) und Ton-für-Ton-Überterzung (+ C, + Es, + G) bis zum Neunklang. (Nur E, Fis und B fehlen). Diese mildernde Technik der Terzverbindung wurde später bei Berg zum dominierenden Verfahren der Klangbildung. Jedoch klingt dieser aufgetürmte Klang außerordentlich erregend, wild, bedrohlich: Atonaler Ausbruch eines im wesentlichen erweitert-tonalen Satzes, besonders schockierend nach dem eben gehörten as-moll-Tutti. Hier zeigt sich, wie stark jede Klangwirkung von der Umgebung bestimmt wird. (Klang Nr. 3 leuchtete relativ mild, weil er unmittelbar auf den geräuschhaften Achtklang Nr. 2 folgte.) Man bedenke auch die scharfen Außenstimmen-Verhältnisse: Gis der gestopften Hörner gegen das hohe A, sodann gleichzeitige Erweiterung des Ambitus durch C und Cis als neue Grenztöne.

5. Klang und Lage. Beispiele aus der Oper ›Wozzeck‹. »Wozzeck, er kommt ins Narrenhaus« singt der Doktor. Zwei in Klangaufbau, Lage und Artikulation verbindungslose Elemente als Bild eines Geistes, dem die zusammenfassende Kraft verloren geht. Hohes dichtes e-moll, staccato repetiert, gegen tiefe ausgehaltene kleine Septime. Übliche Plazierung der Klarinetten eine Oktave tiefer hätte diesen Effekt zerstört (S. 133).

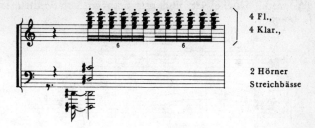

Ende der zweiten Szene des dritten Akts. Marie ist tot. Flüchtige Fagott-Motive, während Wozzeck geräuschlos davonstürzt, eingesetzt in eine unendliche Klang-Leere; Quintenleere, so weit das Ohr auch suchen mag, in fünf Oktavbereichen. Die Harfe darunter setzt mit ihrem tiefsten Ton das während der ganzen Mordszene ununterbrochene Pochen der Pauke fort. Die Ausbreitung der leeren Quinte bis an die obere Spiel- und Hörgrenze ist wesentlich bestimmend für den Eindruck der Hoffnungslosigkeit der Situation Wozzecks.

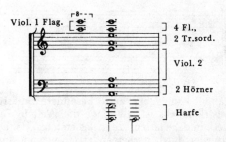

6. Klang und Instrumentation. Beabsichtigte Klangwirkung kann durch die Instrumentation verdeutlicht oder zerstört werden. ›Wozzeck‹ erster Akt, vierte Szene. Tiefer Quartenklang der Streicher. (Das Übliche bei Hindemith; bei Berg als terzloser Klang eine Seltenheit, die aufhorchen läßt.) Gegen dieses leere Dunkel der merkwürdige *rote Schein* der vier Flöten im doppelten Tritonus. Die Trennung der Instrumentengruppen macht die Situation erst verständlich. Hätte Berg *Fis* und *G* in die Streicher gelegt, wäre eine versteckte große Sept in den Vordergrund getreten als Klangschärfung. Hätte die vierte Flöte aber *G* übernommen und die Bratsche ins *B* gewechselt, wäre die Wirkung des Doppeltritonus abgeschwächt worden.

Wozzeck »Dunkel ist, und nur noch ein roter Schein im Westen«.

Hans Werner Henze, ›Neapolitanische Lieder‹ (1957). Erster lang gehaltener Orchesterklang nach unbegleitetem Rezitativ des Sängers. Die Anspielung auf die Gitarre (die Streicher spielen die Töne der leeren Saiten der Gitarre) wäre natürlich ebenso zerstört wie die reizvolle Kontrastspannung des Gesamtklanges, hätte Henze Töne zwischen Bläsern und Streichern ausgetauscht oder gemischt instrumentiert.

Instrumentation kann aber auch besondere Schärfung von Klängen bewirken. »Es ist, als ginge die Welt in Feuer auf« singt Wozzeck in der vierten Szene des ersten Akts. Dazu baut sich im Orchester durch nacheinander einsetzende Instrumentengruppen ein schließlich achttöniger Klang auf (1). Die fünf ersten Gruppen werden mit fpp oder ffp eingeführt und crescendieren erst nach Einsatz der letzten Holzbläsergruppe. Diese aber stellt die unverdeckte kleine Sekunde Cis–D mit f deutlich in den Vordergrund (2). Natürlich wäre diese Schärfe wesentlich gemildert worden, wenn durch Übernahme bereits im Klang enthaltener Töne der letzte Forte-Einsatz etwa so gelautet hätte (3):

(1)

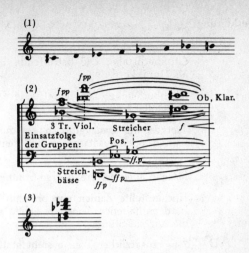

(3)

7.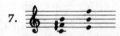

Große Sept, enthaltend Quarte und Tritonus, oder kleine None, enthaltend Quinte und Tritonus; beide ohne Terz-Sext-Komponente. Es handelt sich um die dominierende Klanggestalt in vielen Werken Weberns und der auf ihn aufbauenden *Kranichsteiner Schule*. Die mögliche Bezeichnung S_2 W K, angemessen, falls ein solcher Klang bei Hindemith auftaucht, verliert natürlich ihren Sinn, wenn eine solche Klanggestalt ein ganzes Werk bestimmt, da jede Bezeichnung eines Klangwerts Relationen zu anderen Klängen *desselben* Werkes meint.

In den Kategorien Klanggehalt, Spannung oder Schärfe, Weichheit, Ruhe darf also nur gehört werden bei Komponisten wie Hindemith, Berg, Henze und vielen jüngeren Komponisten der Gegenwart, die die gesamte Palette möglicher Klänge einsetzen, teils *noch immer*, teils *endlich wieder*.

Vor Diskussion einzelner Klänge ist also unbedingt die gesamte in dem betreffenden Werk eingesetzte Klangpalette zu untersuchen. Sie ist der Wegweiser zum angemessenen Hören dieses Werkes und Maßstab zur Beurteilung einzelner Klänge.

Zeichenerklärung

T S D	Großbuchstabe: Die betreffende Funktion als Durakkord.
t s d	Kleinbuchstabe: Die betreffende Funktion als Mollakkord.
$T_{43}\ t_5\ T_{123}$	Tiefgestellte Zahl gibt an, welcher Dreiklangs- oder Zusatzton im Baß liegt.
$D^{565}\ T^{43}\ t^{78}$	Hochgestellte Zahl betrifft melodische Ereignisse in *einer* der drei oberen Stimmen.
$T^3\ D^5\ t^8$	Hochgestellte Zahlen von ohnehin im Akkord enthaltenen Tönen beziehen sich auf die *oberste* Stimme.
$D^7\ S^6\ T_7\ D^9_7\ D^6_4$	7 = zusätzlicher Ton. 6 steht statt der 5, 4 statt der 3, 9 statt der 8. Sollen 6 *und* 5 klingen, müssen beide bezeichnet werden.

Zahlen bezeichnen stets leitereigene Töne. D^9 vor t meint also die kleine, D^9 vor T die große None. Mit D^{65}_{43} t ist die kleine Sext der D, mit D^{65}_{43} T die große Sext der D gemeint.

$D^7_{5>}$	Quinte tiefalteriert.
$S^{6<}_5$	Sexte hochalteriert.
$D\ ^{6>\,5}_{4\ \ 3}\quad T$	Trotz Durtonika als Bezugsakkord erscheint die (in T nicht leitereigene) *kleine* Dominantsext.
$T\overset{S\,T}{\rule{1cm}{0.4pt}}\quad T\underset{1\,5\,1}{\rule{1cm}{0.4pt}}$	Querstrich: Funktion bleibt in einer/in einigen Stimmen erhalten.
s^n	Neapolitanischer Sextakkord ($= s^{6>}$)
$\not{D}^7_5\quad\not{D}^9$	Durchgestrichener Funktionston fehlt im Klang.
$\widehat{D}^v$	„Verminderter Septakkord zur t" (auch zur T). (Bei Maler: D^v)
$^t\!\not{D}^v$	„Verminderter Septakkord zur D" (auch zur d). (Bei Maler: $\not{D}^v$) Achtung: $\widehat{D}^v$ hat, auf dem Leitton aufgebaut, die Töne 1, 3, 5, 7; Malers D^v, von D aus gedacht, hat die Töne 3, 5, 7 und 9.

	Es empfiehlt sich, bei diesen beiden Funktionen das Ziel zu benennen. „Te Dede Vau" wäre als Wort ein. Ungetüm.
(D^7) Tp, T $(s^5_6 D^{65}_{43})$ Tp	rund eingeklammerte Funktion oder Funktionengruppe bezieht sich auf den ihr folgenden Akkord als Zwischentonika.
Tp (D^7_5) S$_3$	Diese Klammer bezieht sich auf den vorangehenden Akkord.
(D^7_3)[Tp] S$_3$	Der eckig eingeklammerte Akkord ist der Bezugsakkord der vorherigen runden Klammer, der selbst aber nicht erscheint. Statt seiner erklingt im Beispiel S$_3$.
$\overset{\triangleright}{D}{}^7$	„Septakkord auf der siebten Stufe in Dur"; wichtiger Akkord der Klassik (bei Maler: $\overset{\triangleright}{D}{}^9_7$).
D^9_7 T und D^9_7 t	gibt es als Akkord — nicht nur als Vorhalt — erst seit der Hochromantik. Ab dann erst kann $\overset{\triangleright}{D}{}^9_7$ mit Bezeichnung eines fehlenden aber „mitgedachten" Tones sinnvoll sein.
VII und VII^7	in Dur (II und II^7 in Moll) bezeichnet (v. a. im Barock) einen in der Mitte einer Sequenz möglichen, sonst kaum auftretenden Klang mit verminderter Quinte vom Grundton aus. Ganze Sequenzen können auch in Stufen bezeichnet werden.
Tp	Mollparallele einer Durtonika, tP Durparallele einer Molltonika.
Tg, Sg	(selten) Gegenklang. (Grabner: Gegenparallele).
tG	wichtig: Molltrugschluß, Durgegenklang der Molltonika.
TP	Sprich „groß T groß P"; verdurte Parallele einer Durtonika.
tp	Sprich „klein t klein p"; vermollte Parallele einer Molltonika.
tg	Sprich „klein t klein g"; vermollter Gegenklang einer Molltonika.

Wegweiser

Gleichschwebende Temperatur, pythagoreisches Komma, syntonisches Komma, pythagoreische *Stimmung,* mitteltönige Stimmung (13), temperierte Stimmung (33). Dur-Moll-*Tonalität* (Rameau) (33—34), Mollproblem (77).
„Eine Art Tonalität" (15), „für einen Augenblick ein tonales Zentrum" (28).
Cadenza, Clausula, Schlußformel (Quartvorhalt) (26), *Kadenz* Bach (34—38), Kadenz Klassik (139), Kadenz Schumann (193, 187), Kadenz Wagner (212).
Sprung zurück in vorkadenzielle Musik bei Liszt (247).

Stimmführung (21—22), Sprünge (39), in Moll (78—), Stimmführung Klassik (135—6), Stimmführung beim $\mathfrak{D}^v$ (98), Stimmumfang, Stimmlagen, Stimmabstand (18—19), Stimmkreuzung (20), Querstand (22), Querstand beim s^n (90). Nebennoten, an- und abspringend (74), Vorausnahme (75). Durchgang (63), Durchgangs-$^6_4$-Akkord (50), D^7 als Durchgang um 1600 (54). Wechselnote (64), um 1600 (27), Wechsel-$^6_4$-Akkord (47—48). *Leittonführung* (38), in Mittelstimmen (56), im D^7 (55). Chromatische Verführung von Leittönen (86), in Moll (80). Der italienische fallende Leitton (195—).
Leittonverdopplung nicht stets verboten (45). „Neuartige Leittonführungen" (183—5).
Parallelenverbot (23—24), verdeckte Parallelen (24), vermindertreine Quinten (98), Parallelen Klassik (136). Parallelen Bachzeit (39).

Verdoppelung im Dreiklang um 1600 (18), im Sextakkord um 1600 (31), im Sextakkord Bach/Klassik (42—44), Verdoppelung Dreiklang Bach (38), Verdoppelung im s^n (90), Verdoppelung im $\mathfrak{D}^7_5$ (58), Dreiklang und Sextakkord Moll (86—87).

Vorhalt 26, Bachzeit (68), D^7 als Vorhalt (54), kadenzierender $^6_4$-Akkord (48—), Nonen- und Sekundvorhalt (92, 94). s^n ursprünglich Vorhalt (89), Wagner (228).
Übermäßiger Dreiklang als Vorhalt (88—89).

Sextakkord um 1600 (30), Bachzeit (42). Siehe auch S^6 (52), $\mathfrak{D}^7_5$ (56), s^6 (84), s^n (88).

Akkordfolgen Verbot D S (39), aber D S3, D3 S3 (45). D s3 (84), D3 d3 S3 s3 (86). Klassik kaum S D (139), Liszt T D S T (247).

Trugschluß (103, 168, 184). Systematik (221). D tG (205), $\cancel{D}^v$ (186—7). S als Trugschluß (187).

Subdominante S und die 2. Stufe (34), „Klanggehalt" (35), S^6 (52—), $S_5^6 = II^7$ (53), Sixte ajoutée (51—62), S_5^6 nicht in Moll (84), S^6 in Moll (86). Wagner (220).

Dominantsept als Durchgang um 1600 (54). D^7 Akkord Bach (51), unvollständig (56), verkürzt (56—58), „Dominante" um 1600 (27), Rameau (34). In Moll (84).
II^7 als „Dominante" (53). Funktionsfreie D^7-Folgen (176). Wagner (220).

Verminderter Dreiklang in Sequenzen (113), siehe auch $\cancel{D}_5^7$ (56). II^7 in Moll als s_6^5 (115).

Übermäßiger Dreiklang (88), Liszt (237—8), Teilung der Oktave in gleiche Distanzen (241, 242). Übermäßiger Dreiklang als „Tonalität" (245). Siehe dazu Ganztonleiter (250—1), Skrjabin (262).

Nonenvorhalt (92) [im Baß 2—1 (94)], *verminderter Septakkord*, *Dominantseptnonakkord* Terminologie (92). $\cancel{D}^7$ Klassik (140), bei Wagner (220).
Klassik ohne D_7^9 (141), aber Schumann (175, 179). „Verkürzter $\cancel{D}_7^9$" (180). Zu allen Erscheinungen (182). Siehe Wagner-Vierklänge (220).
Verminderter Septakkord als Teilung der Oktave in gleiche Distanzen (241).

Parallelen (100). Frühklassik wenig Parallelen (136). Bedeutung der Parallelen für die Modulation (144). Mediante (157, 160), Variante (160), Terzverwandtschaft (160). Klangunterterzung (178).

Chromatik Gesualdo (13), um 1600 (22), Bach (123), fallende chromat. Bässe (86). Unisono-Modulation (151). Chromatik in

Durchführungen v. a. (156). Leittonverwandtschaft (168). Chromatische Ton-für-Ton-Klangverwandlung (170). Viel verwandtes harmon. Modell über chromatisch steigendem Baß (201, 207). Leittonverbindung in Vierklängen Wagners (216, 220).

Zwischendominanten (120—133) Zwischensubdominanten (124). $\mathbb{D}$ (119, 126). $\mathbb{D}$ (125). § (121). § (126). [ ] (125, 183). ← ( ) (123).

Modulation Bach: Kadenzen auf verschiedene Zwischentonarten bezogen (37). Moll wird verlassen durch „falsche" Stimmführung (82—). Typisch für Moll schnelles Wegmodulieren zur tP (87, 111, 127, 146). Dur tendiert zur D (111). Modulation mit der $\mathbb{D}$ zur D (118). Modulation mit der § zur S (121). $\mathbb{D}$, (D), (D^7) als Weg zu allen Stufen (121—), ($\mathbb{D}^v$) zu allen Stufen (128—). Modulierender, nicht leitereigener Quintfall (125). Kapitel Modulation (142—). T t (3 Stufen abwärts), t T (drei Stufen aufwärts) (149, 157— , 168 oben, 171 unten). Dursextakkord umgedeutet zum s^n (= 5 Stufen aufwärts) (149, 156). Unisono-Halbtonschritt-Modulation (150—151). Leittonverwandtschaft (168—169). Gleichklang von $S^{6<}_{5,}D^7$ und $\mathbb{D}^{v_3>}$ (152), siehe Beispiel (155—156). Aus D^7 wird $\mathbb{D}^v$ durch steigenden Baß-Halbtonschritt (153—154) oder durch drei fallende Oberstimmen-Halbtonschritte (154). Vieldeutigkeit des $\mathbb{D}^v$ (154). Terzverwandtschaft (160—). Schuberts Kreismodulation (165). D t = T s = 4 Stufen abwärts, t D = s T = 4 Stufen aufwärts (164 oben, 166—167, 171 unten). Chromatische Ton-für-Ton-Klangverwandlung (170—171). Funktionsfreie D^7-Folgen (176—). Klanguntertürzung (178—). Funktionsfreie $\mathbb{D}^v$-Fortschreitungen (2 Töne bleiben liegen) (183—4), (1 Ton bleibt liegen) (185). $\mathbb{D}^v$ führt in neuen $\mathbb{D}^v$ (187, 200). Zur Modulation geeignetes Harmonisierungsmodell über chromatisch steigendem Baß D^7 $\mathbb{D}^v$ t₅ D^7 . . . Mozart (201), Beethoven (207). Modulierend verbundene Funktionszusammenhänge ohne Haupttonart (212—214).

Diether de la Motte bei Bärenreiter

Musik ist im Spiel
108 Seiten; kartoniert
ISBN 3-7618-0961-1

Ein Buch für einen unkonventionellen pädagogischen Umgang mit Musik, für den Musikunterricht, die Gruppenstunde, den geselligen Abend. Ein Buch zum Lesen und Spielen für Leute von acht bis achtzig.

Form in der Musik
Reihe »Musik aktuell. Analysen, Beispiele, Kommentare«, Band 2. 79 Seiten mit Notenbeispielen; kartoniert, mit Beispielheft (24 Seiten) geheftet
ISBN 3-7618-0619-1
dazu Klangbeispiele Form in der Musik
BM 30 SL 5101

Harmonielehre
Taschenbuch, Originalausgabe. Fünfte, verbesserte, ab der zweiten ergänzte Auflage. 286 Seiten mit Tabellen, Zeichnungen und über 500 Notenbeispielen. dtv/Bärenreiter
ISBN 3-7618-4183-3

Kontrapunkt
Ein Lese- und Arbeitsbuch. Taschenbuch, Originalausgabe. Zweite Auflage. 375 Seiten mit über 1000 Notenbeispielen. dtv/Bärenreiter
ISBN 3-7618-4371-2

Musikalische Analyse
11 Analysen zu Werken von J.S. Bach, C.Ph.E. Bach, Mozart, Beethoven, Schubert, Mahler, de Prés, Mendelssohn Bartholdy und Berg mit kritischen Anmerkungen von Carl Dahlhaus
145 Seiten Textteil, 92 Seiten Notenteil.
2 Bände in einem Schuber; kartoniert
ISBN 3-7618-0141-6
dazu Klangbeispiele BM 30 SL 5201

Bärenreiter
Kassel · Basel · London · New York

Musik zum Anschauen

dtv-Atlas zur Musik
von Ulrich Michels
Tafeln und Texte
2 Bände
Originalausgabe

Band 1:
Systematischer Teil
Historischer Teil: Von den
Anfängen bis zur Renaissance
Mit 120 Farbtafeln

Band 2:
Historischer Teil: Vom Barock
bis zur Gegenwart
Mit 130 Farbtafeln

dtv/Bärenreiter 3022/3023